JN284816

著 フランソワ・ドゥノール
アントワーヌ・シュワルツ

訳 小澤裕香
片岡大右

欧州統合と新自由主義

社会的ヨーロッパの行方

論創社

L'EUROPE SOCIALE N'AURA PAS LIEU
by
FRANÇOIS DENORD & ANTOINE SCHWARTZ

© Editions Raisons d'agir, 2009

Japanese translation rights arranged with Editions du Seuil
through Japan UNI Agency, Inc., Tokyo.

欧州統合と新自由主義——社会的ヨーロッパの行方

目次

目次

凡例

●「　」は原則として、原文のギュメ（« »）の置き換え。ただし、特定の表現を強調するために独自に付すこともある。

●〈　〉は、大文字で始まる各種名称のうち、さらにギュメによって強調されているもの、およびそれなしでは一般名詞と紛らわしいと判断されるものに付す。例えば、〈ヨーロッパ運動〉、〈開かれた協調方式〉。

●各種略語は、原則として英語のものを採用する。例えば、「共通農業政策」の略語はＰＡＣ（Politique agricole commune）ではなくＣＡＰ（Common Agricultural Policy）とする。

●〔　〕は訳者による語句の補いないしは補足説明（ただし語句の補いについては、読みやすさへの配慮から、直接本文に組み込んだものも多い）。

●［　］は原文中の補足。

●原文中の英・独・伊語、および特に注意を喚起すべきと判断される仏語は、原則として（　）内に入れて本文中に示した。

●頻出する二つの重要語について、誤解と混乱を避けるためにあらかじめ解説しておく。「自由主義（的）」と訳している libéralisme/libéral は、多くの場合経済思想上の意味で用いられ、しかも現代英語における liberalism/liberal とは異なって、いわば文字通りに、私的な経済活動の束縛なき発展を推進する立場を指し示す語。要するに、「新自由主義（的）」というのとあまり変わらないわけである。また social の語は、原則として「社会（的）」と訳しているが、一社会内部の階級間関係についていわれるほか（「社会的パートナー（partenaires sociaux）」＝労使）、物質的不平等の是正、労働と社会保障の諸問題を始めとする、「福祉国家」の諸機能に関連して多く用いられるものである。

欧州統合と新自由主義——社会的ヨーロッパの行方

しかめ面して身振りをつけて歌いさえすれば、
平和の歌だって戦争の歌に変わってしまうのさ。

ジャン・ジロドゥー
『トロイア戦争は起こらないだろう』
一九三五年、第二幕第四場。

日本語訳への序文

本書はフランスでは、レゾン・ダジール社より刊行された。一九九五年十一～十二月の社会運動[一]の後に、社会学者ピエール・ブルデューが設立した出版社である。その目的は？今日の諸問題についての、厳密でありながらも理解しやすく主義主張の明確な分析を世に問うことだ。社会科学の研究者二人によって書かれた本書は、新自由主義的ヨーロッパの建設をめぐる一考察の概要を提供しようとするものである。我々がこの「新自由主義」という語をどのように理解しているのかは、読み進めるにつれ明らかになるはずだし、またこの語を使用することによって、欧州統合史をたどりなおすための独創的研究の道筋を提示できるはずだという我々の目論見の成否についても、読者は自ら判断できることと思う。本書は実際、これまでの研究でほとんど取り組まれてこなかった諸領域に踏み込んでいる。共同市場生成に際して筋金入りの新自由主義者たちが果たした役割が、その一例である。[1] 取り上げられる話題の豊富さにもかかわらず、紙幅が限られているために、本書のテーマとそれが提起する様々な問題を論じつくすことはできなかった。だが、そのことは重要ではない。本書は、欧州建設の英雄譚として語り継がれてきたお決まりの物語の息の根を止めてやろうという意図のもとに書かれたのだ。それゆえ本書では、大胆で学界でも論議を呼んでいる主張が展開されている。[2] その主張とはすなわち、冷戦終結後の新自由主義的ヨーロッパは、六〇年ほど前に「創設の父たち」が切り開いた道から逸脱しているのではないというものだ。むしろその道をまっすぐ突き進んでいるのである。

日本の読者は、欧州政治の営みに通じているのでなければ、欧州統合の諸問題をめぐる政治的・知的論議を支配しているイデオロギー的合意形成の力を、うまく感じ取れないかもしれない。二〇〇五年の国民投票〔欧州憲法条約の是非を問うた〕をめぐるキャンペーンが大いに証明してみせたように、メディアと政治双方の支配者層《エスタブリッシュメント》は、欧州統合に対するいかなる根本的な批判をも、まるで受け入れるつもりがない。社会民主主義者たちでさえ、ＥＵ信者（*eurobéats*）の称賛の合唱に加わっている。社会民主主義者たちは実際、マーストリヒトのヨーロッパに賛同したのと同時に新自由主義思想に改宗してしまった。神話化されたヨーロッパの名のもとに、彼らは欧州連合を現実主義的に考察するのを拒否している。最良の場合でも彼らは、ＥＵをむしばんでいる諸問題——その政策の反社会的特徴、その運営の民主主義的脆弱さ、統合の現実に対する各国民の不満の増大といったもの――は、ただ統合をなおいっそう追求していくことによってのみ解決できるのだと考えている。本書はこうした神話に対する批判的武器を提供する。市場のヨーロッパを受け入れさせるべく、仮想上の「社会的ヨーロッパ」を未来に実現すると約束するような人々に、反証を突き付けるのである。

当初大陸の西と南に限定されていた欧州連合は、いまやロシアの国境にまで拡大して、経済闘争のための武装〔労働者保護や社会保障の整備〕の度合いが実にまちまちな国家、企業、そして賃金労働者たちを競争にさらしている。国家がかつて享有していたような介入の諸手段を行使するどころか、EUはただ、競争の健全なる管理と自由貿易の促進とを結合させせた経済政策に満足している。同様に、加盟各国の発展水準と賃金水準がまちまちであるために、社会的諸権利の上方への調和に取り組むことも難しい。欧州諸国の労組はせいぜいのところ、EU当局の路線変更を促しうるかもしれないとの不確かな希望を胸に、欧州規模での動員を素描しようと企てるにとどまっている。市場の諸効果に対し全体として拮抗しうるような政策をEUレベルで推進できる可能性はといえば、一連の条約それ自体によって制約されている。つまるところ、市場の美徳に屈した大多数の政府と、変化を阻止する制度的枠組み（そうした領域では制度の改変に全会一致が要求されている）のもとでは、社会的ヨーロッパが明日にでも実現するなどとは考え難いのである。

ひととき――実に短いものだったが――、金融危機が勝ち誇る新自由主義の弔鐘を鳴らしているように思われた時期があった。日頃の偏見などかなぐり捨てて、各国政府は銀行を救済し金融システム全体の崩壊を避けるべく、派手に介入を行っていた。保守系の新聞はこぞって、マルクスの亡霊を言い立てた。しかしそれら保守紙が大いに安堵したことに、「国家への回帰」は不発に終わった。あるいはむしろ、国家のこうした再登場は、損失を社会化することによって利益の私物化を促進し[(二)]、資本家たちに彼らの「権利」を取り戻させるためのものだったと言うべきかもしれない。欧州各国の指導者たちは金融界に制裁を科すことも、さらには強制的規制によって金融界の驕奢を抑えつけることも差し控えた。危機はこうして、財政赤字と公的債務の急増を引き起こし、諸国家を金融市場と格付け会社の庇護のもとに置くという帰結をもたらした。ヨーロッパの賃金労働者がそのつけを支払っている。いずれの国においても、為政者を導いているのは同じ命令の言葉、すなわち

「緊縮」の一語である。

緊縮財政というこの件についてなら、欧州委員会[三]はよく心得ている。二〇一〇年九月末、委員会は安定協定を遵守できなかった国に対し、自動的に制裁を科すことを提案した。その数カ月前にドイツの首相アンゲラ・メルケルは、あまりに「放漫」とみなされる国から投票権を剥奪することを示唆してさえいた――〔普通選挙施行以前の〕選挙における財産資格〔cens〕を復活させようとでもいうのだろうか？　各国政府は「ヨーロピアン・セメスター」の実施を承認した。この新しい監視手続き〔そしてまた懲罰の手段〕は、加盟各国の予算政策を毎年〔半期ごとに〕評価する権限を欧州委員会に授けるものである。ついで二〇一一年三月二十四〜二十五日に、欧州理事会は「ユーロ・プラス協定」の採択を承認した。それにより、加盟各国の首脳は、「競争力」の追求〔賃金抑制がその代償となる〕と厳格な財政規律に基づいた欧州連合の「経済ガバナンス・モデル」を強化する意志を再確認したのである。また、ギリシャ「救済」を可能にした欧州金融安定ファシリティー（ＥＦＳＦ）を引き継ぐ恒久的制度として、欧州安定メカニズム（ＥＳＭ）の発足が予定されているが、それを可能にすべくリスボン条約を修正することも、同理事会で決定された。

財政支援と引き換えに、困難に陥った国家は欧州中央銀行（ＥＣＢ）と連携しながら国際通貨基金（ＩＭＦ）と交渉し、調整プラン（それも抜本的な）の受け入れを迫られることになる。

これらの仕組みによっては明らかに、通貨同盟をむしばむ本質的な矛盾を解決できはしない。すなわち、構成諸国の経済的な不均質性、緩衝装置の役割を果たしうるだけの十分な欧州予算の不在、ＥＣＢによる加盟諸国への直接融資の禁止といった数々の矛盾は、依然として残るのである。欧州連合が取りまとめている諸国は、各々の利害関係によって引き裂かれているばかりでなく、その上マネタリズム[四]の教義に激烈に執着する強大なドイツの支配下にあることが明らかになった。こうした文脈の中では、欧州諸国民間の「絶え間なくいっそう緊密になっていく連合[五]」をめぐる美しい弁論の数々は、微笑みを誘うものだ。今回の危機はこうして、欧州連合の真の本性を明らかにしたと言ってよいだろう。すなわち、企業に対する民主的監視の能力を奪い去る、恐るべきマシーンとしての本性を。

二〇一一年三月　著者識

註

（1）このテーマはその後、補完的研究の対象となった。François Denord, Antoine Schwartz, « L'économie (très) politique du traité de Rome », *Politix. Revue des sciences sociales du politique*, vol. 23, n° 89, 2010, p. 35-56.

（2）一例として、国際調査研究センター（ＣＥＲＩ）の企画運営によりパリ政治学院《シアンスポ》にて二〇一〇年二月十九日に開催された研究集会、「欧州連合は『新自由主義的』か？（« L'Union européenne est-elle "néolibérale" ? »）」を挙げることができる。

序論

二〇〇八年七月、欧州連合理事会の議長国の順番がフランスに回ってきたときのことだが、ニコラ・サルコジは彼の党であるUMPの幹部を前にして、統合プロセスの美点とみなされるものを列挙してみせた。ヨーロッパは平和をもたらし、経済の近代化を一滴また一滴と浸透させる役目を果たしたばかりでなく、その上ベルリンの壁の崩壊をさえ引き起こしたというのだ。しかしそれだけではない。気の置けない仲間に囲まれていることを意識しつつ、フランス大統領はさらに次のように述べていたのである。「想像してもごらんなさい、共産党の大臣や社会党の指導者たちがフランス政府を構成していたあの頃〔一九八〇年代初頭〕、フランスは、そしてまたフランスの政策をめぐる議論は、一体どうなってしまうところだったか。」そして、サルコジは聴衆を恐ろしい悪夢から守ろうと、勇ましい口ぶりで表明するのだった。「幸いなことに、ヨーロッパがありました。ヨーロッパのおかげで、彼らは自らのイデオロギーと論理を最後まで追求することができなかったのです。それもまた、ヨーロッパなのです」[1]。単刀直入に、こんな風に言うことさえできるだろう――それこそがまさにヨーロッパなのだ、と。

欧州建設の歴史が、一つの寓話のように語られるのはまれなことではない。そのような歴史が舞台に登場させるのはほとんど聖人のような人々、あの「創設の父たち」である。寛大さと勇気に駆り立てられ、国民国家のエゴイズムや各国為政者の狭量な精神に立ち向かった彼らは、同時代の人々よりも未来を、より正しく見ていたのだという。あらゆる人の無理解の中で孤立しつつも、彼らはヨーロッパの「夢」、すなわち平和と繁栄の人道主義的計画に生命を吹き込んだ。要するに、『超ヨーロッパ入門』なる書物の著者を信じるなら、創設の父たちは、「頭を用いて先行世代の誤りを分析し、それを正そうとしただけではなく、心もまた用いたのだ。すなわちヨーロッパにはこれまで、最良の場合でも国家間の同盟という協力関係しか存在していなかったというのに、彼らは心を用いることにより、人間と人間を結び付けるという偉業に取り組んだのである」[2]。

欧州統合についてのこうした夢想的ヴィジョンが、啓蒙書の類に糧を与えている。抒情的な調子、誇張表現、ふんだんに用いられる最上級。そうした文体によって、欧州統合関連の啓蒙書は、加盟各国の国民の現実から遊離した無重力状態のヨーロッパに「魂の補い」(六)を注ぎ込む。それら啓蒙書にしたところで、EU官僚を始めとするヨーロッパという大義の擁護者たちに、たしかな存在理由を与えることはおそらくできまい。だが、彼らに役立つようなひとつの神話を生み出しはするのである。この神話に登場するのは、ジャン・モネ、ロベール・シューマン、ポール＝アンリ・スパークといった、称賛すべきとされる英雄たちである。

　こうして書き直された結果、ヨーロッパの過去からはあらゆるイデオロギー的争点が、またより広くはあらゆる不快な事柄が取り除かれてしまう。実現できたかもしれない様々な歴史上の可能性とその失敗、外部からの厄介な影響、数々のいかがわしい人物、怪しげな外交的策略といったすべてが、取り除かれてしまうのである。こうなると欧州建設の内実としてはもはや、非政治性を掲げる普遍的で積極的な計画しか残らない。そしてこの計画を基準として統合プロセスのその後の諸発展が判断され、その「前進」が奨励されることになるのだ。欧州建設がいまだ未完成にとどまっていることや、様々な「逸脱」や「欠落」の存在——「民主主義の赤字」、「社会的ヨーロッパ」等々——についての後悔が口にされるのも、当初の構想がこのように「純粋」なものとして捉えられているからにほかならない。というのも、その歴史を築き上げてきた穏やかならぬ経緯を取り去ってしまうなら、欧州建設はある平和主義的野心の実現以外の何ものでもないことになってしまうのだから。たしかにそのようなものでもあったが、しかしその事実は、ヨーロッパが現に持っているような形態を説明することもなければ正当化することさえもない。平和のヨーロッパと市場経済のヨーロッパ。強固に結び付けられるあまり、この二つの観念は分かちがたいものとみなされるに至っている。さて、寓話を離れ、現実の出来事の展開へ移ろう。

第一幕。冷戦と共産主義に対する戦いの時期にあって、欧州建設は全くの中立では決してありえなかった。本質的に言って、欧州建設は影響力のある様々な少数者集団の活動の帰結であるが、彼らが擁護したのは経済的利益と、必ずしもヒューマニズムを主要な特徴とはしない政治的構想である。こうしてただちに、欧州統合は自由貿易を再構築する手段としての姿を現した。その初期の諸段階にはまた、大国アメリカのはっきりとした痕跡が認められる。その証拠に、自立したヨーロッパすなわち「ヨーロッパ的ヨーロッパ」の理念は、いくつかのパートナー国の指導者にとっては突飛なものと思われた。ヨーロッパは国際舞台において単一の声で語っていない、今日そのように不平を言う者もある。しかしそもそも、いまだかつてヨーロッパが、単一の声で語ろうなどという計画を持ったことがあるだろうか？

第二幕。欧州石炭鉄鋼共同体（ECSC）から欧州経済共同体（EEC）を経て、欧州連合（EU）に至るまで、共同体の統合が特権化するのは市場への道である。両大戦間期以降、自由主義の改革者たちが十分によく理解していたことであるが、欧州建設は、各国民国家の統制経済体制《ディリジスム》を外部から迂回してしまうことによって、それらの体制に方向転換を強いる力を持つ。というのも、ヨーロッパ市場の創出は、労働者・資本・商品の自由な移動を引き起こすからである。そしてこのような移動はそれ自体、各国の諸規則を白紙にすることを想定している。したがって、一九五七年のローマ条約は、調印各国間の関税障壁を漸進的に廃止させるだけではない。この条約にあっては整然と、共同市場の制度化が企てられているのである。以後、新自由主義は、政権担当者たちが政策上の諸手段を引き出す源としての単なる知的枠組み以上の存在になる。新自由主義は、競争と市場に好ましい秩序を生み出す公的介入の制度全体を意味することになるのだ。こうしてヨーロッパは、あらゆる形態における社会主義を主要敵とする特定の政治的イデオロギーの旗印のもとに、恒久的に置かれることとなる。[3]

第三幕。欧州司法裁判所による「カシス・ド・ディジョン判決」からマーストリヒト条約（一九九二年）批准に至る過程で、欧州共同体（ＥＣ）は単一市場へと変容する。この単一市場が各国から経済的権限を奪い、労働者と資本の力関係の再転換を推し進めるのである。マーストリヒト条約の収斂基準によって、さらには安定・成長協定によって、各国政府は予算政策の操縦の幅を失ってしまう。ユーロ導入とともに、通貨分野のあらゆる権力が欧州中央銀行（ＥＣＢ）に集中する。欧州連合（ＥＵ）について言うなら、その経済政策としては、競争と世界貿易自由化くらいのものしか見当たらない。一連の連動装置は見事に機能した。三〇年足らずのうちに、統合プロセスのこれら諸段階が、もはや後戻りできないように思えるほどの諸々の変化を引き起こしたのである。

さて、こうしたすべてのうちに、欧州社会モデルが認められるものだろうか？「『欧州社会モデル』……。この表現の意味が、よく分からないのですが。」二〇〇五年、欧州委員フリッツ・ボルケステイン[七]は皮肉な口調で述べたものだ。[4]この表現が混乱の元であることについては、彼の言い分を認めよう。たしかにヨーロッパは「社会的対話《ソーシャル・ダイアローグ》」[八]を組織し、指令[九]や欧州司法裁判所の判決を通して労働法を生み出し、様々な雇用政策を推進している。ヨーロッパはまた、いくつかの大原則に従っている。例えば、指令の勧告内容をより見事に達成する自由を各国に与える最低限規定の原則。加盟国内の立法に欧州基準よりも好ましいものがあった場合にはそれを尊重することを含意する、後退禁止の原則。そして最後に、〈開かれた協調方式〉（ＯＭＣ：Open Method of Coordination）。今日のヨーロッパの運営方式であるこのＯＭＣとは、加盟各国が政府間で共通の目標を設定し、雇用、社会保護〔＝社会保障〕、さらには教育の領域において相互に評価しあえるようにと計らうものである。しかし、諸権利の上方への調和を推進するようなＥＵレベルの社会政策は、いまだ考案されていない。多様な差別に関する措置、そしてリスクのある職業に関する措置を例外とするなら、実効性をもって実施され、市場の諸効果に拮抗し、大多数の人々の生活条件の改善を目指すような政策は、その影さえも見当たらない。事態はその反対でさえあって、「社会的ヨーロッパ」は多くの場合、ＥＵの自由主義的諸政策が引き起こす様々な社会的変化に追随する役割を果たしてきたのである。社会的なものはこうして……反社会的なものの同義語になってしまった。[5]

社会構造を競争的な市場経済の諸要求に一致させること。「社会的ヨーロッパ」の支持者たちが、まさにそのようなことを目標としているというのではない。それにまた、社会的ヨーロッパ操縦の任務をブリュッセルの手に委ねなければならないのだと決まってしまったわけでもないのだから、社会進歩に関しては当然、同じ「社会的ヨーロッパ」の名を掲げる諸勢力の動員が決定的となる。ところが、欧州官僚組織の中への労働組合代表者らの参入は、彼らの権利要求が活力を失う要因であるのみならず、組織間の分裂を引き起こす源でもあることが明らかになっている。[6]もちろん、社会的ヨーロッパ構築にあたってのこのような困難は今に始まったことではない。発足当初より諸国民の頭上に、各国議会の主権をないがしろにして建設されてきたこのような連合には、「社会的」なる形容を正当に結び付けることはできないだろう。この連合の政策的企てとは、市場経済の便宜および大企業経営陣の利益の便宜を図ることにほかならないのだから、なおさらである。しかも、欧州連合の拡大が、社会的ヨーロッパ構築というこの課題をいっそう複雑なものにしてしまう。欧州議会の社会問題・雇用委員会元委員長〔一九八九〜一九九四〕ウィム・ファン・フェルゼンが苦々しげに述べるように、「〔拡大後に二十七カ国となった〕加盟国の多くが、その伝統からして『ヨーロッパ社会モデル』に非常に好意的だろうという見解は、実際に証明されたものではない。むしろその反対である！　多くの新規加盟国〔いずれにせよ、それらの政府[一〇]〕は、社会的ヨーロッパや高度に発展した福祉国家クラブに参加したいと切望したのではないのだ。それら諸国が求めたのはまさにその反対のもの、新聞売りの若者が百万長者になるような、アメリカ自由主義のモデルにほかならないのである」[7]。

　世界経済が〔一九二九年の〕大恐慌以来前代未聞の大規模な経済危機、金融危機、そしてエネルギー危機を経験している今では、このモデルには若干の衰弱の徴候が認められる。二〇〇八年七月、「ノーベル賞」経済学部門受賞者[一一]にして世界銀行の副総裁及び主席経済学者を務めたジョゼフ・スティグリッツは、穏やかならぬ口調で「新自由主義の終焉」を宣告した。彼の言葉には容赦がない。「新自由主義原理主義とは私人の利益に奉仕する政策上の教説にすぎず、確かな経済理論に依拠するものではないのだ」。さらにまた、欧州議会での演説において、彼の同業者の一人〔ジェイムズ・K・ガルブレイス〕は「通貨政策上のコンセンサスの終焉」を診断し、「ノーベル」経済学賞受賞者にして最も有名な新自由主義理論家の一人であるミルトン・フリードマンの遺産の清算を呼びかけていた。[8] 支配階級は乱気流地帯を通過しているところである。彼らは、欧州憲法条約の相次ぐ否決により表明されたように大衆からの不信を被ったのみならず、最も正統なメガフォン役の幾人かから見放されてしまったのである。自己批判の時が到来した。しかし、周縁部分での少々の修正（各種の倫理憲章や行動規範）も、状況を変化させはしない。今日形成されているようなヨーロッパにおいては、社会的ヨーロッパは実現しないだろう。しかしまた、それに代わる唯一のプログラムが、「創設の父たち」の当初の計画への回帰でしかないのであればやはり、社会的ヨーロッパは実現しないだろう。欧州統合の六〇年は、そのことを十分に証明してきた。この六〇年を経た今、我々は幻想を手放して、歴史の途上で退けられてきた諸々の可能性を再発見するようにと促されているのである。

第一章　アメリカ時代のヨーロッパ

「分かっています。あなたが夢見ているのが統一された、自主独立の、社会主義のヨーロッパだってことは。しかし合州国の保護を拒むなら、そんなヨーロッパにしたところで、否応なくスターリンの手に落ちてしまうでしょうよ。[9]」

第二次世界大戦が後に残したのは、血の気を失い、両大国の影響に服するヨーロッパである。この大陸の西側は、マーシャル・プラン発表の一九四八年からすでに、持続的な薬物注入を受け、アメリカの庇護状態に置かれてしまった。東側ブロック諸国はといえば、翌年、ソ連支配下の経済相互援助会議（ＣＯＭＥＣＯＮ）に加盟した。政府間協力というテーマが、いわば、時代の空気の中に漂っていたのである。「一種のヨーロッパ合州国を築き上げねばなるまい」、一九四六年九月にチューリヒでなされた有名な演説で、ウィンストン・チャーチルはすでにそのように宣言していた。

　ヨーロッパの連合を目指す諸計画が、まったく新しいものだったわけではない。一九二〇年代、リヒャルト・クーデンホーフ＝カレルギー伯爵（一二）の汎ヨーロッパ連合がすでに、エリートたちのもとである程度の成功を収めていた。ついで反ファシズム闘争の中、レジスタンス活動家の一部は、大陸再建を主宰すべきヨーロッパ連邦の旗印の下に集合した。一九四一年の有名な「ヴェントテーネ宣言」（一三）の共著者たるイタリアの反ファシズム闘士、アルティエロ・スピネッリもその一人だ。一方、連合国の側では様々なプランが浮上して、ロンドンに逃れた各国政府関係者の集まりや、ワシントンの権力中枢の舞台裏で、緊迫した議論をかき立てていた。とはいえ当時、ヨーロッパの理念はまだ、未来の勝者たちの陣営のみに属していたのではない。ナチスは「新ヨーロッパ」を組織しようと企てていた。これはファシスト・アイデンティティを持った諸国により構成され、「ボリシェヴィキの災禍」の根絶を目指してドイツの支配に服する、そのようなヨーロッパである[10]。ヴィシー政権下のフランスでもまた、国民革命信奉者の間で「ヨーロッパ共同体」が成功を収めていた[11]。

フランス解放により、連邦制のユートピアはこうした悪霊を払いのけられるようになって、自由と平和の（実にゆったりした）コートを身にまとう。レーモン・アロンが一九四八年に確認しているところでは、「ヨーロッパの理念が流行している。戦後三年足らずの間に、ヒトラーのプロパガンダにおいてあれほどの役割を演じていたヨーロッパのテーマが、国際連合のプロパガンダのうちに姿を見せるようになった。それに私としては、そこにいかなるスキャンダルをも認めない。たとえ――ありそうなことだが――数年前にこのテーマを取り上げていた同じ人々が、今日再びそれを取り上げているのだとしても[12]」

いささか脱水機のような機能を果たしつつ、ヨーロッパの大義はイデオロギー上の諸論争を干からびさせて、カトリック保守主義者と改良主義的社会主義者、レジスタンスの大物と旧ヴィシー派、労働組合主義者と大企業経営者、国家への奉仕者と不屈の自由主義者を、きわめて雑多な星雲のただなかで混ぜ合わせる。彼らの婚姻を祝福するのは、保護者たるアメリカである。

冷戦の渦巻き

欧州統合計画の具体的内容に関し、ヨーロッパ主義者の全員が合意を得ていたわけではない。この「一種のヨーロッパ合州国」の実現に当たっては、実際のところ、政府間のたんなる協調形態の設立から真の連邦の建設に至るまで、比較的様々な実行方式の選択の余地が残されていた。前者を主張する「連合主義者（unionistes）」と後者を主張する「連邦主義者（fédéralistes）」の間には、はっきりとした断絶があったのである。いずれの立場であれ、欧州統合を目指す団体には様々なものがあったが、主要なものは以下の通りである。オーストリア人リヒャルト・クーデンホーフ＝カレルギーの「欧州議員同盟」。イタリア人アルティエロ・スピネッリおよび二人のフランス人、アンリ・フルネ（レジスタンス運動コンバの創始者）とアレクサンドル・マルク（キリスト教的人格主義の重要人物）が推進する「欧州連邦主義者同盟」（以上は連邦主義の団体）。ウィンストン・チャーチルの女婿、イギリス人ダンカン・サンズ率いる「統一欧州運動（United Europe Movement）」。フランスにおいてこの運動に対応する保守的な「統一欧州フランス評議会」は、経済学者ルネ・クルタンにより創始された（これらは連合主義の団体）。

様々な亀裂によって隔てられていたにもかかわらず、これらの団体は一九四八年五月、ハーグの城館の有名なリッダーザール（騎士の間）にて開催された「欧州会議」を機に集結することになる。政治決議において、会議は「安全と社会進歩の保証を目指す経済的・政治的連合の創設こそは、ヨーロッパ諸国の緊急の義務であることを承認」し、それゆえ「いまやヨーロッパ諸国は、主権の一部を譲渡して、共同の行使にそれらを委ねるべきである」と宣言した。数百人の参加者の中にはとりわけ、政治家（二百人の議員、数十人の大臣……）、労働組合運動家（多くはキリスト教系）、知識人、実業界の大物が数えられる。共産主義者は不在である。のみならず『ユマニテ』（仏共産党機関紙）は、「ハーグの仮装行列」とそこでの「鸚鵡たち、ヴォークリューズの雄牛たち、閨房のネズミたちの会合」(一四)を激烈に非難した（四八年五月八日）。ベルギー共産党の日刊紙『赤旗』はといえば、レーニンを引用しつつ断定するのだった——「検討されているような形でのヨーロッパ合州国は、ヨーロッパの資本家たちの共謀を組織するものでしかありえず、その目的は、『ヨーロッパにおける社会主義を共同して押しつぶす』ことにほかならない」〔四八年五月七日〕[13]。

一定の政治的開放を誇示しようとの意志はあったにしても、この会議が呼び集めたのは進歩主義者よりもむしろ保守主義者である。キリスト教民主主義の諸派は、とりわけ居心地よさそうにしていた。キリスト教により堅固なものとされた〔中世におけるような〕ヨーロッパを夢見る教皇ピウス十二世は、個人的な密使を急遽派遣した――やがて聖下は、「キリスト教文明共通の遺産」が会議により承認されたのを喜ぶことになる。反対にイギリス労働党は、反共主義とウィンストン・チャーチル――会議の名誉議長――に過度に結びついたこのような発意をボイコットすることを選んだ。大陸ヨーロッパの社会主義諸党も同様に、闘士らに対して不参加を厳命した。とはいえポール・ラマディエのような幾人かの幹部は、個人の資格で会議に赴いた。〔首相在職時の〕一九四七年五月にフランス政府から共産主義者を追放したという武勲を持つ、あのラマディエである。

ハーグ会議後に、〈ヨーロッパ運動〉が生まれた。汎ヨーロッパ主義の多様な組織の集合と連携を担う国際団体である。運動の発意が多くを負っているのは、知られざる「ヨーロッパの父」のひとりジョゼフ・レティンガーだが、彼は自ら親アメリカ派の「影の参謀」を名乗る人物で、舞台上での活躍よりむしろ、足音の立たない客間の影での活動を好んでいた(14)。まずは欧州経済協力連盟（ＬＥＣＥ）を、ついでビルダーバーグ・グループ――世界の名士専用のきわめて選別的なクラブ――を生み出したこのレティンガーの大きな貢献により、〈ヨーロッパ運動〉は欧州建設のための資金援助追及と意思決定者動員の有効な道具となる。運動の最初の名誉議長四人の名前を挙げるなら――全員が、いずれかの時期におけるそれぞれの国の行政担当者である――、この運動の威信のほどが了解されるだろう。イギリスのウィンストン・チャーチル、フランスのレオン・ブルーム、イタリアのアルチーデ・デ・ガスペリ、ベルギーのポール・アンリ・スパーク。やがてこの四人に、フランスのロベール・シューマンとドイツのコンラート・アデナウアーが加わることになる。

当初より、ヨーロッパのための闘いのイデオロギー上の骨組みは、はっきりと右側に湾曲していた。「創設者たち」の多数派は、政治的スペクトルの右側を出自としており、その多くは純然たる強固な保守主義者である。そして彼らの敵手たる共産主義者はといえば、当時フランスとイタリアで強力な存在であったが、キリスト教民主主義の大物たちにより約束された「ヴァティカンのヨーロッパ」を、当然告発するのだった。彼らはそこに、資本家たちの陰謀を見て取ったのである。カトリック系の雑誌『エスプリ』でさえもが、きわめて警戒的な態度を示していた。「用心が必要だ」、ジャン＝マリ・ドムナックは一九四八年に書いている。「ヨーロッパ諸国民を結び付けてひとつの連邦を形成し、各国の国民主権を放棄することこそは、今日まで左派の人々の最も果敢な夢であった」けれども、「今日ではヨーロッパ合州国は、左翼に対して手痛い仕打ちで応えることだろう[15]」というのがその理由である。実のところ、欧州統合の計画は、〈ヨーロッパ社会主義合州国のための運動〉に終結した一部の社会主義者の支持をも獲得してはいた。しかし彼らは反共主義の立場ゆえに、左派の政治グループ内では浮いた存在であった。

実際、異質な陣営間の、ときにひとを驚かす歩み寄りを理解させてくれるのは、ヨーロッパへの愛という動機だけではない。汎ヨーロッパ運動の闘士たちはまた——というよりとりわけ——各国の共産党への、ソヴィエト連邦への、かつまたあらゆる形態の「集産主義《コレクティヴィズム》」への激しい敵意を共有していた。「彼らの言うところでは、彼らみながヨーロッパへの愛を共有しているとのことだ」、ジャン＝マリ・ドムナックは述べている。「だが実際には、彼らが共有しているのは何よりもまず共産主義への憎悪である。ある者たちにおいてはマルクス主義への知的な憎悪であり、他の者たちにおいてはたんなる階級的な憎悪であるという違いはあるにせよ。[16]」まさしくこの共通の嫌悪、東風への恐れ、民主主義の旗印の下に遂行される一種の十字軍への取り組みによってこそ、他の状況下ではありそうにない同盟関係が可能になったのである。

　対照的に、こうした反動と反共主義の香りを理由に、イギリス労働党は〈ヨーロッパ運動〉と様々な連合の計画に対し、きわめて慎重な姿勢を示した。反ソヴィエト主義の名のもとで目指されるのは実のところ共産主義の信用失墜、またより広くは、社会的ないし社会主義的目的を持ったあらゆる形態の経済統制主義の信用失墜にほかならないというわけである。それゆえ、国家相互の政府間協力には好意的だったにもかかわらず、イギリスの首相クレメント・アトリーと外務大臣アーネスト・ベヴィンは、とりわけ、〈ヨーロッパ運動〉の呼びかけで一九四九年に創設された欧州審議会[一五]において、連邦主義者たちのあらゆる発意にブレーキをかけるのだった。実際、アトリーの政府は当時、戦後の最も野心的なものに数えられる進歩的諸改革のプログラムを実行に移しつつあった〈ナショナル・ヘルス・サービスの設立、数々の国有化、完全雇用政策）。保守派の支配する欧州体制のために主権の削減を認めることなど、できるはずもなかった。それに、新自由主義の理論構築の先駆者であるアメリカのジャーナリスト、ウォルター・リップマン自身が、労働党の立場を正しいと認めているのである。「幻想を抱いてはならない。自由な欧州諸国民の政治的連合は、イギリス型の国家社会主義と相容れるものではない」、彼は『ガゼット・ド・ローザンヌ』紙で断言している（一九四八年九月九日）。

労働党《レイバー・パーティ》の見解は、大きな反響を呼んだある公式文書において、系統だった形で提示されている。一九五〇年五月に公表されたこの文書が明言するところでは、「自身および他の諸党が民主的社会主義を探求する自由を、またその実現に必要な経済管理を実施する自由を制限しかねないいかなる企ても、労働党は決して受け入れることはできない」。のみならず、労働党によるなら、「政府の形成が視野に入っているいかなる社会主義政党にも、このヨーロッパ当局が恒久的に反社会主義の多数派に支配され、ヨーロッパの労働者の敵意を煽り立てるような状況にあっては、国家政策の重要な諸分野が超国家的性格のヨーロッパ当局に譲り渡されるような体制は受け入れられない。[17]」。欧州建設の諸計画は明らかに、戦後の大胆な社会政策にも労働者の闘争にも逆らうものだったのである。

こうした立場に立つ労働党と、ヨーロッパ連邦主義のための闘いに身を投じた一部の社会主義者たちとの、イデオロギー上の相違は一目瞭然である。イギリス労働党の議論に応え、経済学者アンドレ・フィリップ――宣伝活動を担う、〈ヨーロッパ運動〉の総代表――はその「ナショナリスト的孤立主義」を非難して、イギリスが真にヨーロッパと結びつきたいと望むのであれば、「自国の民主主義を求めるだけで満足すべきところだ」[18]と評した。彼にとっては、議会社会主義の一部の人々にとってと同様、社会主義の大義は後景に片付けられていた。それにまた、一九四七年創設の〈ヨーロッパ社会主義合州国のための運動〉は、翌年直ちに〈ヨーロッパ合州国のための社会主義運動〉と名を改めてしまった。この改名が実に象徴的に示しているように、とにかく連邦制のヨーロッパを設立すること、それこそが運動にとっての優先事項だったのである。まずはヨーロッパを。つぎに社会主義を。「我々はあらゆる点で合意しているとはいえない」、アンドレ・フィリップは説く。「しかし私は、社会主義者ではあるけれども、ヨーロッパがまるで存在しないよりは自由主義のヨーロッパがあるほうがいい。それに、我々の自由主義者の友人たちだって、ヨーロッパがまるで存在しないよりは社会主義のヨーロッパがあるほうがいいと思うのではないか。[19]」これに対応するような言葉は、彼の「自由主義者の友人たち」の口からは決して発せられる必要がなかった。

【コラム】社会主義は欧州統合の中で解決可能か？

『欧州統一――イギリス労働党全国執行委員会による声明』(*European Unity: A Statement by the National Executive Committee of the British Labour Party*)と題された一九五〇年五月発行の文書において、労働党は欧州の連合を目指す諸計画についての党の立場を提示している。「このところ、経済的連合に賛成する人々の途方もない熱狂ぶりが注目を集めている。この連合は取引におけるあらゆる内的障壁――関税、貿易管理、割当数量のような——の解体に基礎を置いている。この政策を擁護する人々の大半の考えでは、こうして大陸規模で作り出されることとなる市場内部で経済諸力を自由に活動させるなら、労働力と資源のより良い配分がもたらされるということである。だが労働党は根本的に、このような理論を拒絶する。完全に解放された市場の諸力の活動は、代償として経済的混乱と政治的緊張を生み出すに違いないし、挙句はヨーロッパを共産主義の腕の中へと押しやることにもなりかねない。［……］もちろん社会主義者は、完全雇用、社会的公正、安定の追及を目的として国際レベルで実施される計画化の企てに基づくものであれば、何らかのヨーロッパ経済連合を進んで受け入れることもできよう。しかしそのような連合が活動しうるのは、国家レベルでの計画化を基礎とする場合にのみである。ところが、ヨーロッパ諸国の政府の大半は、自国経済をそのように計画化する意志も能力も示してはいない。［……］西ヨーロッパの完全な経済的連合を計画するならば、加盟諸国の国内政策には高度な均質性が必要となるが、そのような均質性は達成不可能である。それゆえ、こうした計画は拒絶されなければならない。

『自由放任《レッセ・フェール》』に基づいてこのような連合を打ち立てるなら、ドル不足を埋めるのが困難になるのみならず、惨憺たる政治的混乱が引き起こされることになるだろう。完全な経済的連合が不可能なのだから、政治的連合もまた、考慮することができない。［……］以上の全般的姿勢は、ヨーロッパの全労働者により共有されている。一九五〇年四月十八日から二〇日にかけてローマで開催された会議に際し、マーシャル・プラン諸国の非共産党系労働組合すべてが代表を派遣した。ヨーロッパ統一の問題に関して、会議では満場一致の宣言が出された。経済統合を受け入れるための唯一の基盤は、関係諸政府のいずれもが完全雇用と社会的公正を追求することにほかならないと考える点で、全労働組合は合意を見たのである。」

汎ヨーロッパの諸運動が主要な支持を見出したのは、大西洋の向こう岸においてである。「統一欧州に関する米国委員会」（ＡＣＵＥ：American Committee on United Europe）と呼ばれる、活動資金を大幅にＣＩＡから得ていた機関を通してのことだ[20]。ＣＩＡのこのような関与は——もちろん、ＫＧＢだってほかの件では引けを取ってはいなかったのだが——、驚くべきことでもない。ヨーロッパ諸国は戦後数年間、アメリカ諜報部の強度の活動地帯となっていた。諜報部は非共産党の諸政党に資金援助し、労働組合を統制すべくひそかな闘争を行い、東側の反体制派を支持し、ステイ＝ビハインド型の地下細胞[一六]を組織した。彼らは例えば、一九四八年二月のイタリア総選挙でのデ・ガスペリの勝利に大いに貢献したし、あるいはまた〈文化自由会議[一七]〉が一定の支持を獲得するように計らいもした[21]。冷戦は、今日では想像しえないほどの激しさで、政治的ならびに知的生活を覆っていたのである。こうした状況の中で、連邦主義は次第に、「全体主義」に結び付けられたソヴィエト連邦に対抗して「自由諸国」が推進する、まさしく国際的というべきキャンペーンの合言葉のひとつとなっていく。

助成金を求めて、リヒャルト・クーデンホーフ＝カレルギー伯爵はワシントンとの得がたい接触を取り結んでいた。〈ヨーロッパ運動〉への「精神的支持と資金援助」を与えようとの明白な目的のもと、一九四八年に委員会（ＡＣＵＥ）を設置するのはアレン・ダレスである。軍事情報の専門家たるこの男はその経歴を通し、アメリカ政治の中枢で第一線の役割を担ってきた。「彼は十年を外交団の中で過ごした」、社会学者チャールズ・ライト・ミルズは解説する。「そしてそこを去って（昇進しようとも、八千ドルという彼の給料が上昇する見込みがなかったので）、法律事務所サリヴァン＆クロムウェルに入社し（彼の兄〔やがてアイゼンハワーの国務長官となるジョン・フォスター・ダレス〕が共同経営者となったのと前後してのことだ）、ついで政府に戻ってスパイの長になったのである。[22]」しかし、未来のＣＩＡ長官（一九五三年）である彼も、このときは委員会の副議長に就任したにとどまる。彼の上司として配置されたのはウィリアム・Ｊ・ドノヴァン、戦略諜報局（ＯＳＳ：Office of Strategic Services）――第二次世界大戦時代のアメリカ諜報部――の元長官である。

「私は集中諜報活動の父と呼ばれているが、ヨーロッパ統一への貢献のことで記憶されるほうが嬉しいのだよ」[23]、ドノヴァンはある日、このように表明したそうだ。その傍らにはトマス・ブレイデンがおり、かつてOSSでのアレン・ダレスとドノヴァンの協力者であったこの男が、日々の委員会運営を担う。アメリカ官公庁、実業界、政界の有力者たち、ならびに労働組合活動家、知識人、弁護士といった面々が、ドノヴァンの執行部に属していた。

ACUEは〈ヨーロッパ運動〉の費用の半分から三分の二までを資金提供した。支給総額は一九四九年から六〇年にかけての時期について言うなら、四百万ドルに迫っていたらしい。資金はまずフォード財団のような私的財団を経由した後、ダンカン・サンズにより様々な組織へと配分された。アンリ・フルネの書いているところでは、「ヨーロッパ外部からの資金協力」を余儀なく請わねばならないという事実には「いくぶんか屈辱的なもの」[24]があったとのことであるが、運動の他の指導者たちが同じ感情を育んでいたとは思えない。合州国からの資金調達だけでは不十分であるとすら考えられていたのであって、それゆえ関連諸団体は、金融業者や大企業からの——時にいっそう怪しげな——援助に頼らなければならなかった。

一九五〇年、ダンカン・サンズは〈ヨーロッパ運動〉の指導をポール＝アンリ・スパークに委ねる。彼の上着には社会党の徽章が貼り付いていたが、幻想は無用である。ベルギー労働党の左翼主義的一派から腰を一ひねり、きわめて自由主義的なパウル・ファン・ゼーラント内閣の補助席へと飛び移ったスパークは、支配者層《エスタブリッシュメント》を不安にさせかねない類の信念など打ち捨てていたし、それどころか彼らを支える柱の一つとなりおおせていた。一九三八年、首相に任命されたときの彼は、ファシズム勢力に対する宥和的・妥協的政策の熱狂的な支持者であった。戦後になって、彼は欧州建設と西側諸国防衛の使徒に転身する。強迫的な反ボリシェヴィズムによって、彼は西側の共産主義者全体を公然と告発するに至った。スパークの非難するところでは、彼らは「自らが生きる国を弱体化」させており、また「第五列として活動しているのだが、彼らの活動の帰結の重大さと比べるなら、ヒトラー支持者の第五列などはボーイ・スカウト組織でしかなかった」[25]ほどだという。スパークはアメリカを発見した。アメリカの資本主義を、またその外交を。そしてアメリカもスパークを発見した。ワシントンは彼を便利屋として、一種の「ミスター・ヨーロッパ」として利用した。アメリカは一九五七年、彼をNATOの事務総長にさえ任命したのである。

ポール＝アンリ・スパークを〈ヨーロッパ運動〉の先頭に据えて、組織の全体的戦略は二つの方向に沿って展開された。イギリス労働党を主要敵とみなし、その立場を打ち負かすというのが第一の方向性である。もう一つの方向性は、ヨーロッパの大義への大衆的支持をかき立てることであった。とりわけ対象とされたのは若者である。一般大衆にまで届くことはあまりなかったとはいえ、〈ヨーロッパ運動〉の宣伝活動は強力に推進されたので（新聞、小冊子、研究等々の入念な準備）、少なくとも公共の議論においては、またエリートの間には、運動の諸理念が伝播していった。

【コラム】厄介な庇護？

アーカイヴ公開のおかげで、今ではアメリカ諜報部の関与はよく知られたものとなっている。しかしこの事実は、あらゆる「創設の父たち」によって注意深く秘密に保たれていた。チャーチル、デ・ガスペリ、モネ、スパーク、アデナウアーの誰一人として、回想録の中でこの件に触れてはいない――それに彼らの伝記作者にしても、まったく同様の慎み深さを示している。

けれども、彼ら全員が〈統一欧州に関する米国委員会（American Committee on United Europe)〉の責任者たちと親密な、時にきわめて持続的な関係を取り結んでいたのであって、しかも作戦に関し、共同で取り決めを行うこともまれではなかった。ポール＝アンリ・スパーク、パウル・ファン・ゼーラント、ロベール・シューマン、コンラート・アデナウアー、さらにまたギー・モレが合州国に招待されたが、欧州連邦主義をアメリカのエリート層に説き広めるというのが訪問の目的であった。ほかならぬジャン・モネも、委員会の活動についてドノヴァン将軍に感謝している。「こうした持続的な、今日ではかつて以上にかけがえのないものとなっている支援は、我々の一連のプランを完全に実現するための大きな助力となることでしょう」、一九五二年一〇月付の手紙で、彼は述べている。(26) 一九五〇年代後半、ACUEはフォード財団とシェパード・ストーンを介し、モネの有名な「ヨーロッパ合州国のための行動委員会」を活発に支援した。一九六〇年、ACUEが活動を停止するに際して――以後は欧州委員会が〈ヨーロッパ運動〉に補助金を交付することとなる――、モネとシューマンは大っぴらに発言し、この委員会が「解散」するのではなく「活動停止」するにとどまるように、そして必要な際には活動再開の可能な体制を整えるようにと求めたものだ。個人的な場では、「創設者たち」はACUEの責任者らに深甚なる謝意を表している。スパークは委員会の消滅を「憂鬱な気持ちで」惜しみ、モネはその「途方もない成果」に敬意を表する。ファン・ゼーラントは、ヨーロッパの運命に「これほどの影響」

を行使した活動に熱心な感謝を示す。当時ECSCの高等行政庁長官であったピエロ・マルヴェスティーティはといえば、至って率直に述べている——この委員会こそは「統一欧州の理念が次第に受け入れられるようになった主要因[27]」にほかならないのだ、と。

合州国による資金と「精神」の両面におよぶ支持は、旧大陸に対してこの国が採用した影響力拡大戦略に由来するものである。冷戦開始以来、西ヨーロッパ統一はトルーマン政権にとって、ソヴィエトの力を食い止め、各国とりわけフランスとイタリアにおける共産党の優勢を抑えつけるための中心的要素のひとつとなった。ある歴史家が率直に指摘するところでは、「実際、大西洋共同体〔＝NATO〕と欧州統合は合州国にとって、あるひとつの政策の分かちがたい二つの柱にほかならなかった。ヨーロッパを共産主義の脅威から最小のコストで救い、かつヨーロッパの比類ない潜在力を西側世界のために役立つように保ち続けるというのがその政策である。[28]」

合州国の戦略は何よりも、旧大陸の諸国をワシントン指揮下の軍事同盟へと組み入れることにあった。それが一九四八年三月のブリュッセル条約であり、ついで北大西洋条約機構（NATO）創設を取り決めた一九四九年四月の北大西洋条約である。ブリュッセル条約調印国（ベルギー、フランス、ルクセンブルク、オランダ、イギリス）、カナダ、合州国、および西欧の他の五カ国（デンマーク、アイスランド、イタリア、ノルウェイ、ポルトガル）は、以後、ソ連とその衛星諸国に対抗して打ち建てられた「大西洋共同体」のうちに統合されることになる。しかし地政学上の目論見がその唯一の次元ではない。アメリカ外交にとって、ヨーロッパの統一は旧大陸に冷戦の費用を次第に多く引き受けさせていき、合州国の経済的負担を一定限度にとどめることを可能にするものでなければならなかった。アメリカ政府はとりわけ、欧州のパートナー諸国に関税同盟を実現させようと望み、それら諸国に合州国商品の流入と合州国資本の利益獲得のための市場開放を求めた。それこそが、保護者たるアメリカによる援助の見返りだったのである。

合州国の求めに応じて、OECDの先祖に当たるヨーロッパ経済協力機構（OEEC）

は、一九四八年四月に最初の一歩を踏み出した。ＯＥＥＣはマーシャル・プランによる援助の受益国十六カ国を結びつけ、通商と経済協力を容易にしようと試みた。事務総長の地位には、計画庁[18]におけるジャン・モネの補佐官の一人であったフランス人ロベール・マルジョランが付き、組織の評議会はポール＝アンリ・スパークによって主宰された。経済統合を推し進めたのはとりわけ、経済協力局（ＥＣＡ：Economic Cooperation Administration）の職員たちである。ＥＣＡを率いるポール・ホフマンは、ＡＣＵＥの執行評議会メンバーの一人だった。一九四九年一〇月、ホフマンは単刀直入なメッセージをもってＯＥＥＣに介入する。欧州統合がもっと速く進まないのであれば、アメリカは援助を再考しなければならないだろう、彼はそのように述べたのである。

ヨーロッパの人々はこうして、「速やかにかつ集団的に、相互協力の真剣な努力」を行うようにと催告された。駐ロンドンのフランス大使ルネ・マシグリに向かい、仏外務大臣ロベール・シューマンの説くところでは、「そのような努力なしでは、アメリカの世論も議会も、マーシャル・プラン予算の第三段階を授与しようという気持ちを失ってしまいかねない」のだった[29]。翌年早々、ＯＥＥＣの指導下に、欧州決済同盟（ＥＰＵ）が登場した。

取引の自由化を可能にする相互決済システムである。同時にOEEC諸国は「自由化法典」を採択し、この法典が市場開放に枠組みを提供することとなった。なんといってもこの市場開放こそが、OEECの存在理由のひとつなのだ。

各国政権に対しての圧力は絶えることがない。一九五〇年二月付の内部文書で、フランス外務省経済協力課のある高級官僚がはっきりと伝えている通りだ――「現在、政治家たちが恐れているのは、西ヨーロッパ統合を目指してアメリカ政府が求める貿易自由化が実現されなければ、マーシャル・プランによる援助が停止されてしまうのではないかということである。」彼によれば、アメリカの狙いには疑問の余地はなかった。「合州国が欧州諸国に厳しい圧力をかけて貿易自由化を求めているのは、ヨーロッパの経済的統合がアメリカの利益に適うからである」[30]。こうしてフランス外務省は、西ドイツを除いてではあるけれど、近隣諸国との様々な経済協力形態の検討を余儀なくされた。ある計画はフリタルクス〔Fritalux、仏・伊・ルクセンブルク〕、また別の計画はフィネベル〔Finebel、仏・伊・蘭・ベルギー、ルクセンブルク〕と名付けられた。

アメリカ外交はそれらの計画を拒むが、それというのもドイツ連邦共和国〔西ドイツ〕

をヨーロッパの構造中に統合することこそがアメリカの野心だったからである。そして、西ドイツを西側陣営に緊密に結びつけるためには、経済力と軍事力を回復させてやるのが上策であろう。このような構想は——控えめに言っても——、フランス当局の熱狂をかき立てはしなかった。しかし一九五〇年三月初旬以降、アメリカ国務省はフランス外務大臣、すなわちロベール・シューマンを急き立てて、ドイツ問題への解決を一刻も早く……遅くとも五月中旬までには見出すようにと求めた。というのも、NATOの閣僚会議が予定されていたからである[31]。ドイツ経済の心臓部——ルールの石炭・鉄鋼産業——は、もはや係争の種となってはならないのだ。

ジャン・モネの構想したプラン（仏独の共同生産）は、このような展望の一環をなすものであった。このプランはまったくアメリカの期待に応えるものであって、その意味で「ワシントンの刻印」[32]を帯びている。しかし、のみならずこの計画は、仏独の鉄鋼生産の再組織化を目指す、一部の高級官僚と大経営者の意図をも表現していた。ここでもまた、発想の源は明らかである。CDU（ドイツのキリスト教民主主義者たち）主宰の会合に招かれた際、ドイツの企業家ヴォルフガング・ポーレはそのことをはっきりと指摘して、「雇用と商品販路の問題の解決策」は「ヨーロッパ市場の全面的な均質化のうちに」見出されるはずであると述べていた。彼の明言するところでは、「この点で、我々のモデルは、合州国に広大な空間を提供しうるのである(33)」。

「共謀者たち」の共同体

「シューマン・プラン」の構想それ自体はいくらかの外交上の必要と実に「友好的」な諸々の圧力から生じたものだけれども、一九五〇年五月九日の宣言は、計画庁長官として影響力を誇るジャン・モネと、その側近たちの仕事である。モネ以外の人々も、製鉄部門における国際協調の様々な形態を設立しようと企てていた。とりわけ、工場解体をやめさせようとしていたドイツ支配層がそうである。しかしモネの企てたシューマン・プランの独創性は、おそらくはアンドレ・フィリップに影響されて、共同市場の形成を提案したことにある。この共同市場形成こそは、来るべきヨーロッパ連邦への――まったくもって決定的な――第一段階となるのだ。

ロベール・シューマンと首相ジョルジュ・ビドー宛ての彼の覚書を読めば分かることだが、仏独間の平和の保持という高邁な意図は、計画当初の動機のすべてを要約するものではない。ジャン・モネは彼の考察をはっきりと、冷戦の地平に組み入れていた――「すでに戦時下である」、彼はそう書いているのだ。彼はまた、ドイツの経済復興の帰結についても思案していた。「ドイツの工業生産力および競争能力の問題が速やかに解決されないならば、フランスの持続的な復興は停止するだろう」、計画庁長官はこのように述べている。検討された解決策は、アメリカが経済・政治・軍事の面で開始した「西側陣営の組織化」の枠組みの内部に組み込まれていた。それが目指すのは、「ドイツの産業支配の問題」を、「競争、ただし支配なき競争を通しての共同発展の諸条件」の創出によって解決することだ。さもなければ、フランスは「往時のマルサス主義に再び捉われ」[19]、保護貿易の誘惑に屈して、自国経済の近代化を危うくしかねないというのである。

正真正銘の不意打ち効果――心理的ショック――を狙って、ジャン・モネは自らの仏独同盟の提案を数週間で、まったくの秘密裏に作成してしまった。彼は忠実な協力者からなるチームに支えられていた。とりわけ、技師エティエンヌ・イルシュ、経済学者ピエール・ユリ、また法学者ポール・ルテールらである。イルシュは国立高等鉱山学校出身で、化学工業の大組織でキャリアを積んだ後、戦時下はロンドンでモネの協力者となった。残る二人ユリとルテールは、あの「第三の道」のイデオローグたち、ヴィシー体制の「共同体革命」に期待をかけた後、戦後の「近代化」を支持することによって彼らの切望や思想を再転換する術を心得ていた人々の、典型というべき人物である。(34)

フランス解放の後、イルシュとユリは経済行政に携わり、ルテールはエクサン＝プロヴァンスの法学部で法律を教えた。このチームの社会的・政治的信念がシューマン・プランの企てに強力に浸透し、そこにこの上なく技術官僚《テクノクラート》的な味わいをもたらすことになる。実際、彼らはみな、政治家を差し置いても専門家の能力を重んじ、計画化と市場を調和させようと欲していた。そして何より、彼らは欧州建設を、国民主権をないがしろにし、社会闘争を退けつつ遂行されるべきものとして想い描いていた。モネにあっては、上記の発想が形成されたのは実業家にして高級外交官という例外的な経歴を通してのことだ。彼はジュネーヴからロンドンとパリを経てワシントンへと、権力中枢への出入りを習慣化していたのである。

【コラム】ある商人の夢

ジャン・モネ？「素晴らしいコニャック作りですよ。彼がその仕事に飽き足りないのは不幸なことです。」シャルル・ド・ゴールはある日、アイゼンハワーに言い返した。このアメリカ大統領は、第五共和政の創始者が皮肉をもって「煽動家」[35]とあだ名していた人物への賛辞を枯らすことがなかったのだ。

ジャン・モネは実際、コニャック商の一家の跡取りである。一八八八年に生まれた彼は、家業に従事すべく十六歳で学業をやめる。それから何年もロンドンで過ごすが、そこで父の会社の代理人から職業と旅行の手ほどきを受ける。一九一四年、健康上の理由で兵役を免除された彼は、首相ルネ・ヴィヴィアニとの会見に成功し、連合軍間の物資調達調整に関する要職に任命される。戦後の彼は発足間もない国際連盟の事務局次長となり、ついで一九二三年には辞職して、家業に戻ることとなった。この頃から、ジャン・モネは金融界での高い地位に手を付け始める。この業界、とりわけラザール銀行の面々との固い友情を、彼は生涯保ち続けるのである。一九二〇年代にはアメリカの投資会社ブレア商会に加わり、フランスの系列会社の副総裁となる。一九二六年、フランスを揺さぶった通貨危機に際しては、アメリカの連邦準備制度から派遣され、フランの安定化について議論すべくフランス首相レーモン・ポアンカレの執務室を直接訪れる。[37]続く時期にはポーランドおよびルーマニアの通貨を救済すべく同様に介入する。一九二九年、サン・フランシスコのバンカメリカ・ブレア副総裁、ついで持株会社トランサメリカ副総裁に就任した。「ウォール街でのジャン・モネは大物である」と、彼の伝記作者は簡潔に記している。その後の彼はこうした活動を放棄して、しばらくの間、蒋介石の顧問となって中国に居を据える。

第二次世界大戦が始まると、彼は仏英の生産と軍備の共同化を監督すべくロンドンに赴く。しかしド・ゴール将軍が発した一九四〇年六月十八日の〔対独レジスタンスの〕呼びかけを支持することは拒んで、イギリス政府のために働き、戦争物資調達の重要問題を監督すべくワシントンに派遣される。そこで彼はローズヴェルト政権の関係者らと緊密な関係を結ぶ。それから彼は、一九四三年創設のフランス国民解放委員会に、軍備・補給委員として加わる。この時期に彼は、同組織の幹部たちと未来のヨーロッパについて議論することができた。「必要不可欠なのは、各国の経済主権の再建を当初から阻んでおくことだ」と、彼は一九四三年八月五日の覚書に記している。そして解放に際し、ド・ゴールは彼を、産業の近代化と整備に携わる計画庁の長官に任命する。

こうした逸話は、一見してそう見えるほど波乱万丈なものではないのだが、そのいくつかについては、「煽動家」が一九七六年に出版した有名な『回想録』中で叙述されている。モネという人物の伝説形成に大いに貢献したこの本は、実際のところ、小さな子どもやファンに向けられた無害な回想などではない。歴史の再構成を図る集団作業から生まれた、細心の産物なのである。フォード財団の資金援助を受けた歴史家ジャン＝バティスト・デュロゼルが、学生チームに補佐されつつ、彼の生涯の偉大なる諸段階を再構築すべく骨を折る一方、モネの親しい協力者のひとりフランソワ・フォンテーヌが、それら諸段階を物語にまとめ上げる任を務めた。こうしてジャン・モネは、将来のヴィジョンを幻視する能力と実際的感覚の両方を備え、栄誉ある「ヨーロッパの父」の称号を受けることを約束された英雄的人物の、模範的伝記を練り上げていったのである。(38)

ジャン・モネは一九五〇年前後の時期に、第四共和政の権力中枢で独自の地位を占めていた。たんに彼が計画庁のトップに君臨していたからではない。フランスにおいても外国においても、要職にある者たちの多くが彼に耳を傾け、しかも注意深くそうしたからである。彼の影響力は、金融家および高級官僚としての活動を通して築き上げた交際網に見合ったものであった。合州国では、彼の住所録はディーン・アチスン(トルーマン政権の国務長官)、ジョン・マックロイ(世界銀行元総裁、アメリカの駐ドイツ高等弁務官)、ジョン・フォスター・ダレス(アイゼンハワー政権の国務長官)、さらにまたデヴィッド・ブルース（駐パリのアメリカ大使）の名を含んでいた。ジャン・モネは、アメリカの対外政策の主要な立役者の幾人かと信頼関係を結んだ。まさにそうした関係があればこそ、彼は大胆なプランを提出し、かつそのプランが保護者たるアメリカの支持を受けられるものと確信することができたのである。

ロベール・シューマンのほうではこの計画を思わぬ授かり物として受け取り、ただちに同意を与えた。彼は首相ビドーへの事前の報告なしに、この計画を公表しようと決意した。フランスの国会議員たちも何も知らされない。しかし、アメリカ国務長官ディーン・アチスンからの承認は受けておいた。ベルギー、イギリス、イタリア、ルクセンブルク、オランダ各国の経済相にも、さらにはコンラート・アデナウアーにも、情報は与えられていた。一九五〇年五月九日の朝、閣僚会議に際し、ロベール・シューマンはやがて行われる宣言について非常に漠然とは触れておいた。しかし午後、〈時計の間〉での発表は、見事に効果を発揮したのである。ジャン・モネの言う「共謀者たちのサークル[39]」は、不意打ちに成功した。作戦に従事した彼らテクノクラートは、企てを首尾よく果たすべく、民主主義的な諸手段を迂回してしまった。おそらくはこれこそが、欧州建設の各段階で繰り返し利用されることとなる、名高い「モネ方式」なのだ！

レトリックの面では、モネ宣言には非の打ち所もない。平和への願いを高らかに掲げつつ（「世界平和は、それを脅かす危険の大きさに見合った創造的努力なしには、保全することができない」）、この宣言は欧州建設のいわゆる「機能主義」的構想を、今日なお有名な言葉で述べている。それによるなら、「ヨーロッパは一挙に成立することはないし、最初から全体の構造を伴って成立することも」なく、「具体的な諸成果を積み重ね、まずは事実上の連帯を生み出すこと」によって成立する。宣言では経済統合に第一級の役割が付与され、生産性の水準向上をもたらすべき生産の「近代化」と「合理化」が強調される。コンスタンティーヌ〔当時仏領だったアルジェリアの都市〕選出議員でモネの友人であるルネ・メイエールは、フランスの植民地政策上の利益への言及を間際になって付け加えさせた。こうして以下のように明言されるのである――「ヨーロッパは自らの本質的責務のひとつ、すなわちアフリカ大陸の開発という責務の実現を、増大した資力をもって追及することができる。」しかし宣言が提案したのはとりわけ、鉄鋼・石炭生産のこの共同化を主宰する任を帯びた「独立の諸個人」によって構成される、「高等機関」[二〇]を設立することである。この機関の決定は調印各国を「拘束」し、各国の法において「効力を発揮する」ものとされた。

反民主主義の香りは、計画それ自体のみならず、その実現の諸手段にも染み渡っていた。シューマン・プランは経済主要部門のひとつである鉄鋼・石炭生産の管理を、超国家的性格の一組織のよき配慮に委ねようとする。そしてこの組織を指揮するのは選挙で選ばれたわけでもない「独立の」専門家たちであって、政治的に無責任な彼らの決定に、国家は束縛されるのである。このような計画は、一種の啓蒙専制主義から霊感を受けているのではないだろうか？ そうした思いから、イギリス首相アトリーは以下のように述べたのである――「有能とされる一握りの人々、その決定が彼らの権限の枠を超え、大きく政治的次元へとあふれ出るような諸結果を引き起こしかねないそのような人々の手に委ねて、民主主義を敗北させるわけにはいかないのだ[40]」。ジャン・モネと彼のチームは、非政治的であると自称する専門家たちの一種の前衛であると自認していたが、まさしく彼らのやり方に適ったプランを構想したわけである。高等機関に民主主義的アリバイとしての閣僚理事会と総会を付け加えるというのは、最終段階での決定にすぎない。

一九五一年四月十八日に調印されたパリ条約は、西ドイツ、ベルギー、フランス、イタリア、ルクセンブルク、オランダの六カ国を結びつけた。アメリカは交渉プロセスの間中、本質的な役割を演じ、ジャン・モネは当然ながら、高等機関委員長に任命された。どの国でも、条約採択は激しい反対を引き起こした。とりわけ目立ったのは、労働者擁護の諸組織からの反対である。フランスでは、批判はド゠ゴール派からも共産党からも上がった。前者はこのような主権放棄は受け入れがたいと断じ、石炭鉄鋼生産者連合の設立は、「新たな技術官僚主義《テクノクラシー》の最初の要塞建設」（『ル・モンド』一九五一年十二月十三日）に至るだろうとみなす。後者はドイツ産業界にもたらされたこの思いがけない贈り物を「裏切り」行為として告発し（『ユマニテ』一九五〇年五月一〇日）、これは「戦争へのさらなる一歩」であるとみなす（『ユマニテ』一九五一年四月十九日）。イタリアでは、最大労組（ＣＧＩＬ）指導者のジュゼッペ・ディ・ヴィットリオが計画の中止を要求した。この計画はイタリア製鉄業とそこで働く労働者の雇用を直ちに脅かし、「ドイツの分裂を悪化させることで、新たな世界大戦の危険性を高める」（『ウニタ』一九五二年六月十七日）というのである。

シューマン・プランに関してこのように「戦争の脅威」が喚起されたという事実は、今日の人々を驚かすかもしれない。欧州石炭鉄鋼共同体（ＥＣＳＣ）は実際、仏独和解の力強い象徴となったのだから。しかしＥＣＳＣは、東西衝突の枠組みの中で成立したのである。西ドイツの復興と再軍備は不安をかきたてた。振り返ってみるなら、旧大陸が持続的に平和を享受しえた原因は、ＥＣＳＣの創設でもなければ、ＥＣＣの創設でさえもなかったと考えるのが妥当であろう。ＮＡＴＯの設置、相対的な現状維持体制の確立——両大国間のこの戦争は、ヨーロッパの地では冷たいままにとどまった——、そしてワシントンによる大量報復理論（一二）の採用のほうが、はるかに決定的な重みを持ったのである。

ヨーロッパ的ヨーロッパか大西洋的ヨーロッパか？

このような状況のもとに進められた欧州建設は、特定の外交的・軍事的同盟関係の強化を前提としていた。朝鮮戦争とともに、マーシャル・プランによる経済援助はその性質を変えてしまう。西側陣営の再軍備が急務となり、欧州諸国は米ドルの用途を議論する権利を失ったのである。「重要なのはもはや［……］ヨーロッパの経済・財政復興に貢献することではなく、自由世界の軍事力増強を助けることである」、駐米フランス調達局長官はそのように要約している[41]。欧州諸国の軍事的な対米従属が強度のものであっただけに、アメリカはそれら諸国の内政にいっそう干渉を深めた。とりわけ、インドシナで泥沼にはまっていたフランスの軍事的従属は、他国にもまして強いものだった。

アメリカの諸要求へのこうした服従姿勢は、欧州防衛共同体（ＥＤＣ）の計画を採択する機会に鮮明になった。来るべきＥＣＳＣの創設に向けた交渉が始まるや、ドイツの再軍備問題が主要な懸案事項となる。一九五〇年九月にはもう、ディーン・アチスンは仏英の外務大臣に対し、「一九五一年秋には、制服を着たドイツ人を見たいものです[42]」と告知していた。パリはその件についてはまったく反対であったが——ロベール・シューマンも含めてである——、改めて何らかの回答を案出することを余儀なくされる。相変わらず抜け目のないジャン・モネは、欧州統合を進展させるこのかけがえのない機会をつかみ、「拡大されたシューマン・プランに基づく超国家的ヨーロッパという枠組みの内部で[43]」ドイツの再軍備を進めていくという発想を、政治指導者たちに吹き込んだ。一九五〇年一〇月二十四日、首相ルネ・プレヴァンにより公表されたこの計画は、「共同防衛のため、統一ヨーロッパの政治組織に結び付いた欧州軍を創出すること」を提案した。この欧州軍はドイツ部隊を内に含み、欧州防衛大臣の指揮を受けるものとされた。

こうして、一九五二年五月二十七日に調印されたパリ条約は、閣僚理事会の決定の実行を任務とする「委員会」の指揮を受ける、超国家的性格を帯びた欧州防衛共同体を制定した。しかしこの新たな欧州軍の配属先とされたのは〔第十八条〕、NATOの最高司令官なのである！　統合プロセスの運命は、以後完全にアメリカの支配と冷戦政治に結びついたものとなる。連邦主義者たちはそこに何らの不都合も見出さなかった。それどころか、彼らは一石二鳥を図る。実際この条約の第三十八条は、〔将来成立するはずの〕欧州諸共同体を統括すべき、一種の政治的欧州の構築を見込んでいる。こうして、ポール＝アンリ・スパークが主宰するECSC総会が、一種の欧州憲法の草案作成に携わることとなった。ベルギーの上院議員フェルナン・ドゥウッスが、その活動的メンバーの一人である。

彼らにとっては不幸なことだが、フランス世論が計画を頓挫させてしまう。EDCは激しい感情を引き起こしたのである。「ヨーロッパはフランスの死体の上に建設されるのだ」、声高にこのように言われた。論議は行き詰る。新任の米国務長官ジョン・フォスター・ダレスは一九五三年十二月、公然と介入して、フランス国民に脅しをかける。EDCの設置を邪魔立てしようものなら、彼らフランス人は合州国を強いて、ヨーロッパ防衛政策の「悲痛な再検討」を余儀なくさせることになるのだ、と。[44] こうしたアメリカの圧力は、最悪の印象を与えた。一九五四年八月三〇日、フランス国民議会は決定的にEDCを埋葬してしまう。欧州政治共同体（EPC）も同じ運命をたどった。以後、ワシントンの介入は、多少とも控えめなものになる。

彼らの大計画をフランスの国会議員の過半数が拒絶してしまったのに気を悪くしたとはいえ、連邦主義者たちは負けを認めはしない。早くも一九五五年六月には、加盟六カ国の外相はメッシーナに集まり、「共同市場の創出」と「各国経済の漸進的融合」によって「統一欧州建設を追及する」必要性を厳粛に宣言した。ポール＝アンリ・スパーク指揮下の一委員会に、新たな条約の構想が委ねられた。ヨーロッパの経済連合の実現は、民主的諸手段を取り除ける準備のできた、少数の政治指導者と官僚の執拗さに多くを負わねばならないというわけである。ポール＝アンリ・スパークは回想録で、まさしくそのことを述べている――「成就された仕事は、自らの望みを心得た少数者の仕事であった」[45]。決然たることの少数者集団のスポークスマンとしては、もちろんジャン・モネを数えねばならない。彼は一九五五年一〇月、〈ヨーロッパ合州国のための行動委員会〉の創設を公式に告げる。その役割は？　一般の人々の説得に骨折りすることなしに、公権力の意思決定者に直接影響力を行使することである。

同じ時期、ビルダーバーグ・グループの非公式の会合が始まった。ヨーロッパとアメリカのエリート中のエリートを招いての討論の場である。ジョゼフ・レティンガーとオランダのベルンハルト王配により企画されたこの会合の初期の参加者には、ジョージ・ボール、ギー・モレ、ドニ・ド・ルージュモン、ポール・ホフマン、ロベール・マルジョラン、ジャック・リュエフを初めとする、政財界の選り抜きの名士たちが招かれていた。ピエール・ユリ、ヴァルター・ハルシュタイン、ポール＝アンリ・スパークも参加していた。アントワーヌ・ピネー、ルネ・プレヴァン、モーリス・フォールのような、モネの委員会メンバーの数名も同様である。招待客はすべて、欧州建設についての同じヴィジョン、すなわち大西洋主義〔＝NATO支持〕かつ自由貿易主義のヨーロッパというヴィジョンを共有していた。これこそが決定的なヨーロッパ像であるとされた。「こんな風に言えると思うのです」、アメリカ外交官ジョージ・マギーはある日宣言したものだ。「〈共同市場〉を創設したローマ条約は、このビルダーバーグ・グループの度重なる会合を通して練り上げられたのだ、そして溢れんばかりになされた我々の議論に助けられたのだ、と。[46]」

ともかくこうした交流は、一九五七年三月調印のローマ条約をアメリカの指導者層に認識させ、その価値を認めさせるのに大いに貢献した。「欧州市場それ自体だって魅力がなくもなかったが、この〈共同市場〉ときたら、本物のセックス・アピールでそれを飾り立てるんだ」、微笑みをもってこのように要約するあるビジネスマンの言葉を、チェース・マンハッタン銀行のデヴィッド・ロックフェラーは引用している。[47] 一九五七年一月にはもう、アメリカ国務省は承認を与えていた。合州国にとっての危険があるとしたら、この経済共同体が新たな保護貿易主義のブロックとして形成されることだったろう。しかしそのような見込みは、およそありそうもないものと思われた。ドイツの経済大臣ルートヴィヒ・エアハルトやフランス人ロベール・マルジョランのような共同市場の「創設者」たちは断固たる自由貿易主義者だったし、その上彼らは自らの信念を、ローマ条約の心臓部に刻み付けておいたのだから。事実、第一一〇条の明言するところでは、「関税同盟結成によって加盟各国は、共通の利益に従いつつ、世界貿易の調和的発展、国際貿易上の諸制約の漸進的廃止、関税障壁の削減に貢献することを欲する」。また実際、OEECやECSCの経験は、新たにEECを準備するに際してアメリカ実業界を安心させるに足るものであった。

一九五七年のことであるが、当時の米経済担当国務次官補は、アメリカ輸入業者全国会議（National Council of American Importers）の経営者たちを元気づけようと、熱っぽく語っていた――「合州国は今後、EEC六カ国とその貿易相手国が貿易上の障壁を削減し、差別なき商業世界の到来に向けて働くよう促していきます。(48)」合州国はこの新たな関税同盟を指導するために、すなわち門戸を大きく開放させ、対外関税率の実質的な低下を実現させるために、GATT（関税および貿易に関する一般協定）を頼みとしていた。共同体特恵が新たな共同市場の基軸となるなどということは、あってはならないのだ。

こうして一九五八年秋、ワシントンは多角的貿易交渉の開始を求める。EECは対外関税率を二〇パーセント近く引き下げる意志を明らかにする。しかし合州国はこの申し出に同調することはできなかった（EUは提案の条件として、交渉相手国が同様の一律関税引き下げを実施するよう求めていたからである」。「ディロン・ラウンド」は一九六二年、ＥＥＣが加工品に課す対外関税率を平均六・五パーセント引き下げることで幕を下ろした。直ちに、ヨーロッパとアメリカは次なる交渉ラウンドに取り掛かる。ＥＥＣ六カ国の望みはイギリス率いる欧州自由貿易連合（ＥＦＴＡ）との決裂を修復することであったが、ケネディ大統領は関税のさらなる引き下げを獲得しようと努めた。ジャン・モネと親しいアメリカ国務次官ジョージ・ボールは、ケネディに断固たる姿勢を取るよう勧めていた。「欧州共同体への我々のたゆまぬ支持は、この共同体が外部に開かれ、我々も貿易の発展を通して共通の利益に与ることができるだろうとの仮定に立ってのものです。支持を与えるという我々の政策の継続は、欧州共同体およびその加盟国の、このような仮定の正しさをつねに明らかにし続ける能力の如何に――大幅に――かかっているのです。」[49]「ケネディ・ラウンド」の終わりに、工業製品に対するＥＥＣの関税率はすべての工業大国の中で最低のものとなった。合州国の十三・四パーセント、日本の十一・七パーセントに対し、平均八パーセントになったのである。[50]

国際関係においてはしばしばあることだが、経済的利益の仮借なき防衛は、大いなる理想によって飾り立てられた。一九六二年七月、ジョン・F・ケネディはフィラデルフィアで演説を行う。反響を呼んだこの演説で、彼はヨーロッパに対し、合州国との特権的な協力関係を打ち立てるよう提案したのだった。この提案はジャン・モネを熱狂させた。このような協力関係は「西側陣営を強化し、それをより繁栄した、より強力なものにして、共産主義へのよりよい抵抗を可能にする[51]」に違いないのだから、当然だろう。しかし、この提案はほとんどごまかし以上のものではなかった。「私の知る限り誰も、この企てがどのような形を取るのか、決して明確な仕方で定めてはいなかった」、欧州委員会副委員長ロベール・マルジョランは振り返って言う。「[……]北米が、イギリスを含む欧州共同市場と、大西洋をまたいだ自由貿易地域を創出すること。最も野心的な形を取る場合でも、計画の狙いはせいぜいこのようなものでしかなかった。」実際イギリスが参加するならば、それはワシントンにとって、新しいヨーロッパ共同体が合州国に対して示している確固たる連帯のさらなる保証となり、「いかなる時にもヨーロッパがアメリカのもとを離れ、距離を置くようなことはないという確証[52]」をもたらしてくれるだろう。

大いなるこの企ては、フランス大統領シャルル・ド・ゴールの気性と衝突した。彼はたんにフランスに関してのみならず、ヨーロッパ共同体に関しても別の野心を抱いていた。フランスもヨーロッパも、合州国の言いなりの未来を歩むようなことがあってはならないのだ。ローマ条約の自由主義的枠組みは受け入れつつも、ド・ゴールが推進しようとしたのはワシントンの臣下であることをやめた「ヨーロッパ的ヨーロッパ」、そしてブリュッセルの「やんごとなき会議《アレオパゴス》」の決定にではなく各国の協力関係に基づくヨーロッパである。要するに、彼はヨーロッパにたしかな政治的次元を与え、共同市場の上に国家連合的性格の一組織を置こうと望んだのである。フーシェ・プラン(二三)、すなわち一九六一年一〇月にフランスが提出した条約案のこうした方向性は、オランダのヨゼフ・ルンス〔外相、一九五二〜一九七二〕とベルギーのポール＝アンリ・スパークによって、覆されてしまった。とりわけ、ロンドンの気分を害さないようにとの配慮からである。

友愛に満ちた応酬はなおも続く。ド・ゴール将軍は一九六三年一月十四日、パリがイギリスの加盟申請にもアメリカによる多角的核戦力〔MLF〕の提案にも反対することを発表した。演説において、彼はイギリスを合州国の一種の「トロイの木馬」として描き出している。イギリスの唯一の目的は、ヨーロッパを広大な自由貿易地域にすることでしかないというのである。将軍はまたヨーロッパ主義者たちを嘲弄して、彼らの思考を、彼自身の用いた言葉によるなら、「統合ヴォラピュク[二三]」で語られているものとみなした。彼が暗黙のうちに狙いを付けていたのは、ジャン・モネを始めとする、政治領域を免除された「統合欧州」の支持者たちである。また、彼らを「連携させている者はヨーロッパ人ではない」と言うことで、ド＝ゴールは明らかに合州国を標的としている。

　アメリカ世論が格別に激しい反応を示したのも当然だろう。「我々に反対する途方もないキャンペーンがイギリスで、ついでアメリカで始まった」と、駐米フランス大使は日記に記している。「ド・ゴールはナポレオンに比べられ（お世辞がすぎる）、またヒトラーにも比べられた（不当だ）。この数日間というもの、合州国の第一の敵はフルシチョフではなくド・ゴールである。[53]」このエルヴェ・アルファンの手記は、以後数年というもの、仏大統領の「偉大さの政治[54]」が国外に引き起こす反応についての警告的な批評の言葉で満たされる。偉大さを求めるこうした政治姿勢がド・ゴールをドルの強さへの抗議に、また一九六六年には、ＮＡＴＯの統合軍事機構からのフランスの離脱発表に導いたのである〔二〇〇九年に復帰〕。彼の政策は連邦主義者からの激しい批判を受けた。社会党のギー・

モレのように、彼らはド・ゴールの政策を、「古臭いナショナリズム[55]」を満足させようとしているにすぎないと非難したのである。とはいえ、支持を得ることができずに、彼の独立戦略はEEC六カ国のヨーロッパを解放への道に向かわせることに失敗してしまう。大西洋主義と自由貿易の二つからなるレールにしっかりと固定されて、このヨーロッパ共同体は以後、自らの商業的使命の道を逸れることはない。

第二章　市場のヨーロッパ

「歴史的に見れば、ヨーロッパ合州国は自由主義的なものになるでしょうし、さもなければ存在することはないでしょう。[56]」

制度的建設のそもそもの始まりから、ヨーロッパは貿易と各国の国民経済を自由化するための道具として構想されていた。しかし、この事実を指摘する歴史家たちの仕事に反し、一部のジャーナリストや政治家は、そんなことはないのだと頑迷に主張し続けている。彼らによるなら、高等機関の指揮下にあったＥＣＳＣは統制経済《ディリジスム》を誇っていたとか、〈共同市場〉とは各国市場の共存にほかならなかったとかいうことになる。要するに、欧州建設の自由主義的方向付けは、建設開始後に生じた数々の歴史的偶然の帰結にすぎないというのである。

しかし設計者や建築主たちの側では、事柄を違った風に見ていた。ECSCは統制経済的なのか？「条約の文言をお読みなさい」、ジャン・モネは説いていた、「ご批判の統制経済がどこに見出せるのか、教えてほしいものです〔……〕」。市場は自由であり続けますし、実業家たちは現在そうであるのとは違った存在になるでしょう。すなわち自由な存在に。」[57]共同市場とは各国の国民経済のたんなる並置であって、ただ相互の貿易が容易にされているにすぎないのか？　もちろん違う、そう答えるのはジャック・リュエフ、財務検査官、フランス新自由主義の先駆者にして、欧州司法裁判所の元判事である。彼によれば、ローマ条約は国民経済間の差異を消し去ってしまう。またこの条約が「共同体の諸機関――各々が決定的な仕方で明確化された権限を担っている――に与えている任務とは、共同市場を創出すること、またそこでの諸規定に違反しようとする企業に対し、この共同市場を防衛すること」[58]なのだという。こうしてローマ条約は、リュエフが「制度的市場（marché institutionnel）」と名付ける新しい型の市場を作り上げるのである。

我々の同時代人の一部は、欧州建設が採用した道筋をどのように形容すべきかと躊躇いを示すが、一九六〇年代の観察者がそんな様子を見るなら、唖然とするはずだ。欧州建設が新自由主義的発想でなされたのは、当初から一目瞭然だったのだから。ヨーロッパの大義に最初に身を捧げた人々の中に、新自由主義の信奉者たちが含まれていたということもあるが、たんにそれだけの話ではない。注目すべきは、彼ら新自由主義者のイデオロギーこそが、創設以来のドイツ連邦共和国の指導者層に発想を与えてきたという事実だ。そして、フランス中心の視点とフランスの神話的英雄たち（ジャン・モネ、ロベール・シューマン、ジャック・ドロール等々）の威光が忘れさせてしまうことだが、ドイツはヨーロッパの経済的建設において多大な影響力を行使してきたのである。ドイツの影響力はとりわけ、ローマ条約の新自由主義的読解をパートナー諸国に押し付けることによって発揮された。もっとも、条約の文面自体がそもそも、そうした読解に適したものではあったのだけれど。

巡礼者たち(二四)はローマを目指す

学校の教科書に登場するヨーロッパにおいてしばしば見られるのは、政治勢力間に奇妙な二つの連結が成立して、この両者が対決している様である。一方にはキリスト教民主主義者と社会主義者がいて、建設者の役回りを演じている。そして他方にはド・ゴール派と共産主義者がいて、諸国民の平和への大躍進と称されるこの欧州建設を、全力で食い止めようとしているのである。自由主義者たちを信じるなら、このような見方になる。欧州建設がかき立てた上記のイデオロギー論争には、彼らの姿は窺えない。しかし実際には、新自由主義が一九三〇年代に登場するやいなや、その闘士たちはヨーロッパの大義を奉じたのである。のみならず、ヨーロッパ主義の主要な諸運動の指導部は、彼らによって占められていた。

新自由主義の歴史は、一九三八年八月、パリでウォルター・リップマン・シンポジウムが開催されたときに始まる。高級官僚、経営者、知識人の面々が、アメリカの有力ジャーナリストを祝福すべく駆けつけた。ベスト・セラーではなかったが、彼の最近作『自由な国』は、支配階級のもとでの評価を勝ち取っていたのである。ウォルター・リップマンは同書で、「自由放任《レッセ・フェール》、自由移動《レッセ・パッセ》」、すなわち十九世紀の反国家主義的な自由主義のページをめくり、市場経済のよき運行に役立つような公権力の行動を再評価しようと呼びかけている。[59]彼の提言には以下の二つの主張が含まれていたが、いずれも会議参加者の間で合意を獲得済みであった。最初の主張は、社会主義とファシズムの緊密な類縁関係の明言である。両者はともに、資源配分様式としての市場の優位性に嫌疑をかけているというのがその理由だ。この聖なる集い《コンクラーヴェ》の首謀者、哲学者ルイ・ルージエによるなら、「両者はいずれも、個人の所有と価格メカニズムに依拠する市場経済に、生産手段の（部分的なものであれ全面的なものであれ）国有化と中央機関の官僚的決定に依拠する計画経済を取って替えることで、より公正な、より道徳的でより繁栄した社会を実現しうるという共通の信念に発するものである[60]」。

アメリカ人ジャーナリストの第二の中心的主張は、市場は決して自然現象ではないというものだ。市場は歴史的かつ制度的な構築物であり、その保証人としては国家の存在が欠かせないし、のみならず国家にはその形式を調整し、運行上の諸規則を修正することもできるというのである。ルージエの要約するところでは、「経済活動は一定の法的枠組みがあってこそ機能する。そのような法的枠組みこそが、財産・契約・特許・破産に関する規則、職業団体と商事会社の地位、通貨、銀行といった事柄、すなわち経済的均衡の法則のような自然的所与ではなく、立法者が状況に応じて行う諸々の創案に属するすべての事柄を定めるのである。」(61)

古典的自由主義と集産主義《コレクティヴィズム》の間の「第三の道」として、新自由主義は保守的知識人と近代化志向の経営者を惹きつけた。リップマン・シンポジウムの二十六名の参加者の中には、例えばドイツの経済学者ヴィルヘルム・レプケとアレクサンダー・リュストウが含まれている。第二次世界大戦後に西ドイツ政府の助言者となる二人である。その傍らにはオーストリアのフリードリヒ・ハイエクとルートヴィヒ・フォン・ミーゼス、またフランスのレーモン・アロン、ジャック・リュエフ、ロベール・マルジョランがいた。マルジョランは未来の欧州経済協力機構（OEEC）事務総長（一九四八～一九五五）であり、一九五八年から一九六七年にかけては欧州委員会副議長として、経済・財政を担当する人物である。

一九三〇年代末というこの時期に、彼ら改革派自由主義の十字軍参加者は二重の目的を追求していた。すなわち、政府のプログラムの基盤となりうるような新しい自由主義を説き広めること、そして計画経済に反対する国際運動を開始することである。戦争のせいで、彼らには野心を全面的に実現するだけの時間がなくなってしまう。だがその代わり、戦争はヨーロッパについての考察を深めるよう、彼らを強く促した。彼らがまず取り組んだのは、仏英に動員をかけることであった。新自由主義者たちはこうして、ジャン・モネの最初の華々しい行動、すなわち友人アーサー・ソルターと組んで仏英の連邦を提案した一九四〇年六月十六日の出来事に随伴したのである。(二五)(62) 計画はもちろん実現しなかったが、イギリスの連邦同盟 (Federal Union) である。(63) 一九三八年に設立されたこの団体は、発生当初ヨーロッパ主義の多くの組織の支持を獲得することはできた。真っ先に挙げるべきは、イの新自由主義運動との特権的つながりを持っていた。

フランスの新自由主義信奉者たちは、雑誌『外交政策』(*Politique étrangère*) のパリの事務所で会合を開いていた。主宰するのはシャルル・リスト――大学人にして複数の金融企業の重役、フランス銀行副総裁も務めた偉大なる自由主義者である。彼らは二つの会議を組織するが、いずれもリップマン・シンポジウムを機に始められた様々な議論の直接的な延長として考えられたものである。一方の会議は一九三九年七月九日と一〇日、「明日のヨーロッパの経済的・政治的・精神的地位」というテーマで行われ、一九四〇年四月十三日と十四日に開催された他方の会議では、「未来の英仏連邦の経済的諸条件」が論じられた。参加者のうちには、フランス新自由主義派のリーダーたちが名を連ねていた。経営者オーギュスト・ドゥトゥフ（アルストム）とルイ・マルリオ（ペシネ）、さらにまた経済学者ルイ・ボーダンや哲学者ルイ・ルージエらである。ルージエは、今日ではとりわけ、ペタン元帥の二股説〔ドイツと連合国双方への〕に信憑性を与えようと試みたことで知られている人物だ(64)。イギリス側では、経済学者ライオネル・ロビンズのほかに、フリードリヒ・ハイエクがいた。連邦同盟《フェデラル・ユニオン》の経済計画を練り上げるのは、一九三一年以来ロンドンに居を据えていたこのハイエクである。彼の計画は、この組織の参加者の間に若干のためらいを引き起こした(65)。ハイエクは挑発者として振舞うのを好んだのである。一九三九年に彼が構想したのは、一群の国民国家に取って代わり、共通通貨を制定し、しかしあらゆる計画経済的介入を退けるような一種の連邦を出現させることであった(66)。信者たちの言によるなら、ハイエクは「諸国家の連邦化は、必然的に自由主義経済を要請すること(67)」を証明さえしたのだという。

一九三八年から一九四〇年にかけてのこうした一連のユートピアは、なおいっそう野心的なひとつの展望によって育まれていた。全体主義世界に対抗する民主主義諸国の連合というこの展望は、アメリカのジャーナリスト、クラレンス・K・ストライトが数年来、決然と呼びかけていたものである。彼の宣言、『今こそ連合を』（*Union Now*）は一九三八年に刊行され、見事な成功を収めた。この時期以降、大連邦の観念が新自由主義者たちに執拗に付きまとうことになる。その影響力は今日のエドゥアール・バラデュール〔一九二九〜〕。フランスの有力保守政治家〕にまで及んでいる。彼は二〇〇七年、ヨーロッパと合州国の間に共同市場を基盤とする西洋連合を設立することを提案したのである(68)。

しかし〔こうした壮大な展望はさておき〕、一九四〇年には、法的枠組みに守られた市場を支持する者たちは緊急の要請に応えなければならなかった。欧州諸国間に持続的な形で平和を回復させうるような、何らかの組織を構築する必要があったのである。ニューヨーク亡命以来というもの、オーストリア学派の偉大な師ルートヴィヒ・フォン・ミーゼスは、東欧諸国の政治連合の提案にまで踏み込んでいた。域内、あるいは域外でも無関税、安定した共通通貨と資本流通の自由を原則とする政治連合である。(69) 一方、大戦中をロンドンに逃れて過ごしたより穏健な自由主義者たちは――エルヴェ・アルファン、エティエンヌ・イルシュ、ロベール・マルジョランのような、ジャン・モネと親しい人々であるが――、ある種の地域的経済同盟を構想していた。この同盟の諸特徴は、取り違えてしまうほどに、我らが今日の経済・通貨同盟を想起させるものであった。

【コラム】経済・通貨同盟の先駆的現われ（一九四三年）

ロンドンでド・ゴール将軍が設立したいくつもの戦後問題研究委員会のうち、経済・社会・財政委員会を出自とする小グループが、ある概括的報告を作成している。チームの主要メンバーのひとりエルヴェ・アルファンによれば、「この報告の作成に携わった委員会メンバーはそれぞれ、様々な経済的・政治的党派に属していた。ある者たちは、〔いったんは統制経済を実施するにしても〕やがては経済的自由主義に復帰することが望ましいと考えていた。他の者たちは、統制経済体制を決定的な形で設立してしまうことを支持していた。〔しかし〕戦争に由来する諸々の必要性のために、戦後すぐの時点で適用すべき経済的措置についての意見の対立は相当に限られたものだったし、また同じ理由により、避けがたく実施しなければならないプログラムの輪郭は、〔議論するまでもなく〕あらかじめ描き出されていた。」それらの避けがたい措置の中には、相当程度に完成した経済・通貨同盟のプランを見出すことができる。「一、関税および輸入割当の撤廃により、同盟全域の内部で製品の自由な流通が保証される。そのためには、共通の関税率と共通の対外貿易政策が、加盟各国により採用されねばならない。二、参加各国はさらに、通貨政策上の協定によって拘束されねばならない。協定が定めるべき内容は、共通通貨を創出し単一の連邦銀行を設立すること、あるいは、各国通貨を維持するのであれば、一定の固定平価によってそれらを相互に結び付けること〔ただし為替管理は廃止し、国際収支の状態に応じて各国の発券銀行による信用枠の設定を行うことによって）である。三、共通の財政・予算政策が採用されねばならない。ある加盟国の予算膨張や赤字予算が他の加盟国内の富を不当に我が物とすることは、あってはならない。四、租税制度を完全に統一する必要はないにしても、税、とりわけ間接税の設置を、各国財政機関が協調して執り行うことが望ましい。五、最後に、運輸・通信手段、物価および企業間の協調的行為の監視、同盟内諸地域間の経済活動の配分に関しては、決定は共同で行われるものとする。(70)」

ラディカルな立場であれ穏健な立場であれ、新自由主義の諸団体は相互に交流していた。ロベール・マルジョランは、イギリス上流社会に見事に溶け込むことができたと彼自身が述べているが、実際この上なくシックな「改革クラブ（Reform Club）」に足しげく出入りし、そこで食事をし、読書し、またとりわけ、「時事的な諸問題」について「イギリスの優雅な友人たち(71)」とおしゃべりを楽しむのだった。彼らの名前は？ フランク・ウォルター・

ペイシュ、アーノルド・プラント、ライオネル・ロビンズ、ジョージ・シュウォーツ、そこにフリードリヒ・ハイエクも付け加えるべきだろう(72)。彼らの共通点は？　ほとんど全員が、ロンドン・スクール・オブ・エコノミクスで教えていた。彼らはそこで、反ケインズの大軍勢の主要部分を育て上げることになる。また全員が、第二次大戦後すぐにモン＝ペルラン協会に加入した。協会を設立したのはフリードリヒ・ハイエクとヴィルヘルム・レプケ、その目的は、社会主義思想を阻止することであった。一九四七年四月、この国際組織が創設大会を組織した際には、多くの会員──モーリス・アレ、フリードリヒ・ハイエク、ベルトラン・ド・ジュヴネル、カール・ポパーを初めとする、高名な知識人たち──が、「ヨーロッパ連邦の課題と実現可能性」についての討論を行った。

一九三〇年代以来、新自由主義者たちはヨーロッパ市場と政治連合の実現を待望していた。彼らはそこに、平和を保証し、かつまた各国の統制経済的構造を打ち倒すための──最低限のものにすぎないとしても──主要な諸手段のひとつを見出していたのである。連合主義者《ユニオニスト》になるのか、それとも連邦主義者《フェデラリスト》になるのか？　それは本質的問題ではなく、新自由主義者はあらゆる運動に参加した。連合主義者としてはルネ・クルタンを挙げておこう。かつてレジスタンスの賢人であり、日刊紙『ル・モンド』執行部のひとりであった彼は、ヨーロッパこそは「新自由主義の枠組みづくりの唯一の可能性」[73]であるとみなしていた。クルタンと同じく経済学者のダニエル・ヴィレはといえば、こちらは連邦主義に熱中し、ヨーロッパ憲法作成の荒々しい支持者を自任していた。[74]それでも彼は〈機能主義に立って漸進的・なし崩しにことを進め、憲法制定を通して特定の理念をあらかじめ定めるようなことは避けるものであるにもかかわらず〉モネ方式に熱を上げていたのである。彼はモネ方式を、「内なる共産主義の脅威からフランスとイタリアを守るのみならず、そのうえ競争圧力のもとで両国を拘束し、経済をより効率的でしかもより自由主義的なものに変えていくように強いる[75]」ものであるとみなしていた。

というわけで、新自由主義者たちはヨーロッパを愛していたのである。また実際彼らは、ヨーロッパの福音を説き広めるための諸運動の中で重要な地位を占めていた。シャルル・リスト、ジャック・リュエフ、ヴィルヘルム・レプケは、クーデンホーフ=カレルギー伯爵率いる汎ヨーロッパ連合の通貨委員会を運営した。[76]ルネ・クルタンは〈ヨーロッパ運動〉のフランス執行委員会を主宰した。エドモン・ジスカール・デスタンは――欧州憲法条約の生みの親〔ヴァレリー・ジルカール・デスタン元仏大統領〕の父であるが――欧州経済協力連盟（LECE）フランス支部を統率した。みながジャック・ラクール＝ガイエの経済関税行動委員会に出入りしていた。フランス大規模小売業の代表的スポークスマンである彼を、ジャック・リュエフはフリードリヒ・ハイエクに対し、モン＝ペルラン協会の会員候補として熱心に勧めたものである。(77)

【コラム】欧州経済協力連盟フランス支部

欧州経済協力連盟（LECE）設立の計画は、外交官ジョゼフ・レティンガーとパウル・ファン・ゼーラントの発意で一九四六年に生まれる。連盟はフランスにおいてただちに、経済関税行動委員会（CAED）――大規模小売業の利益を擁護し、自由貿易の大義を説き広めるべく、一九二〇年代に結成された組織――の強力な支持を得た。ダニエル・セリュイとエドモン・ジスカール・デスタン、経営者たちのためのロビー活動に転じたこの二人の高級官僚により、フランス支部は率いられた。フランス支部が獲得した幾多の得難い支持の中でもとりわけ貴重なのは、オルセー河岸〔仏外務省〕の経済・財政・技術長官エルヴェ・アルファンからの支持、そしてフランス経営者全国評議会（CNPF）――LECEフランス支部の賛助委員会に名を連ねる――の会長ジョルジュ・ヴィリエからの支持であった。加担した第一級の人物にはさらに、ジャック・シャストネ〔ジャーナリスト、『ル・タン』紙の元重役にしてモン＝ペルラン協会会員〕、フランソワ・シャルル＝ルー〔外交官、一九四〇年には外務省事務局長となる〕、ラウール・ドートリー〔技師、原子力庁事務総長〕、アンドレ・フランソワ＝ポンセ〔外交官、ドイツのフランス占領地区高等弁務官〕らがいた。組合活動家の側からは、CGT‐FOの指導者レオン・ジュオーおよびCFDT〔当時はCFTC〕指導者ガストン・テシエの参加が注目される。LECEフランス支部の顧問にはまた、幾人もの「巡礼者たち」が含まれていた。とりわけ、知識人レーモン・アロン、経済学者ルイ・ボーダンとジャック・リュエフの名を挙げておこう。この組織はＣＮＰＦと大企業からだけではなく、フランス銀行からも資金を受け取っていた。これらの業界ではヨーロッパ共同市場の計画が、好意的なまなざしのもとで検討されていたのである。というのも、共同市場は新たな販路の希望を与えてくれるのみならず、国民経済における諸々の規制緩和をも期待させるものだったからだ。「西ヨーロッパの経済・関税同盟は可能でもあれば必要でもある」、ジャック・ラクール＝ガイエは要約して言う。「そのような同盟は、自由主義的資本主義と自由企業体制――それらの開花は人類の最も幸福な諸世紀のひとつにおいてなされたのだったが――に新たな道を切り開くことができるし、切り開いていかねばならない。」[78]

こうして了解される通り、数多くの団体が〈ヨーロッパ運動〉に明確な路線を受け入れさせようと企てていた。例えばハーグ会議（一九四八年五月）の経済・社会委員会により提案された、きわめて大胆かつきわめて自由主義的なプログラムがある。パウル・ファン・ゼーラント――両大戦間期の自由主義支持派の大物の一人――に率いられたこの委員会の報告書作成を務めたのは、ダニエル・セリュイとウォルター・レイトンだ。後者は『エコノミスト』紙の元編集長でもあった。この戦闘的な二人組に続いたのが、リュエフとラクール＝ガイエである。自由主義の熱烈な支持者たる彼らがあまりに強情に振る舞ったせいで、組合活動家たちは総会での議論の直前に退出してしまった。結果はどうなったか。最終決議では労働者関連の問題がまれにしか言及されず、計画化への好意的な言及はすべて、細心に回避されたのである。未来の針路は定められた。決議は各国政府に対して、通貨の自由兌換性を採用し、貿易の全面的な自由を復活させるよう促す。またこの決議には、以下の勇ましい宣言が読まれる――「ヨーロッパ連合は今後、その全域において、資本の自由、通貨統合、各国間の協議を経ての予算政策と予算額の健全化、完全な関税同盟［……］、各国の社会的立法間の調和といったものを実現していかねばならない」(79)。〈ヨーロッパ運動〉の経済プログラムは、社会主義を（恒久的に）退けている。

新自由主義者たちのヨーロッパ主義にはほとんど疑いの余地もない。教義上の好みは様々であれ、彼らはみな、モーリス・アレの展開する以下の議論を共有していた。未来の「ノーベル賞」経済学部門の受賞者にして、長らく〈ヨーロッパ運動〉のフランス評議会の一員であったアレによるなら、「一方に商品・資本・人間の移動の自由があり、他方に各国の独立的な政策と軍隊に依拠した国民主権の維持があるとした場合、両者の間には、全面的で絶対的な両立不可能性が存在する」(80)。とはいえ〈国内政治を軽んじるこのような姿勢にもかかわらず〉、一部の新自由主義者は、自分たちの政府がなす様々な制度上の決定に対する異議申し立てを行った。経営者の中でも最も自由主義的な者たちは、欧州建設を企業主間の内輪の話し合いの中で実現されるべきものとみなしていたので、ECSCの高等機関に付与された高い地位に憤慨して、それは「国家の枠組みを超えて自由裁量を発揮する、永遠の超統制的技術官僚主義《テクノクラティスム》」(81)の具現化にほかならないと述べた。各国の伝統間の衝突も見られた。フランスやイタリアの自由主義者の大半が控えめな解決に満足しているとき、ドイツの自由主義者たちはECSCやEECに対してより懐疑的な姿勢を示していたのである。

ドイツのるつぼ――オルド自由主義

ここで確認しておくべきだが、ドイツは早くも一九四九年に新自由主義を選択していたため、フランスとの接近は社会主義的要素の増大を予告するものと受け取られていた。ドイツの「経済的奇跡」は当時おそらく、モン＝ペルラン協会の最も見事な成功作となっていたというのに、どうしてすべてを失う危険を冒さなければならないのか？(82)

今日振り返ってみるなら、そのような恐れは根拠を欠いたものに見える。経済学説は数あるけれど、ドイツ新自由主義ほどの長期にわたり、公共政策の霊感源となったものはまれである。ブリュッセルのある種の部局に所属するEU公務員の中には、今日でもなお「社会的市場経済」を掲げる者がある。(83) 何人もの欧州委員会委員が、この学説に対し、心揺さぶる賛辞を捧げてきた。例えばマリオ・モンティは、欧州議会において二〇〇〇年になされた演説の中で、共同体の諸機関が「社会的市場経済」の学説から受けてきた恩義のほどを認めている。「EC条約をごらんなさい、そこにはこの学説と同様の基本的メッセージがあります。加盟各国は単一市場の創出について合意しました。単一市場とは市場の諸力が〔一国の利害に捉われず〕ヨーロッパの消費者たちに最大限の利益をもたらそうと努める、そうした市場を意味します。消費者利益の最大化というこの目的のために、加盟各国は合意の上で強固な規則を設け、各国により――例えば国家助成を通して――、また経済事業者自身によりもたらされる様々な制限や歪みから、この単一市場内部の諸力を保護しようとしているのです。(84)」

ドイツ新自由主義の学説は、欧州建設に深く浸み込んでいる。ライン川の向こう岸で「オルド自由主義（ordoliberalismus）」と名付けられたそれは、ワイマール共和国の崩壊、経済不況、ナチズムの台頭という状況の中、一九二〇年代末に発展を見た。当初より、この改革派自由主義は以下のような特徴を保持してきた。ハイパーインフレーションの記憶を受け継いだことによる、通貨安定への強迫観念。カルテルの増加に伴う経済的権力独占への恐れ。社会についての相当に伝統主義的な理解により助長された、あらゆる大衆運動に対する警戒心。そして、あらゆる形態の集産主義《コレクティヴィズム》への本能的な敵意である。

オルド自由主義の支持者たちは、並行して二つの道を切り開いてきた。ヴァルター・オイケンとフライブルク学派の周囲では、競争的秩序の理論化がなされ、市場に好都合な環境を生み出すための積極的な政策が擁護された。そうした政策が目指したのは、経済の領域における権力集中の排除であって、そのため大規模なグループによる策動の余地が奪われるとともに、国家の活動が前面に迫り出してくることになった[85]。一方、他の者たちは、ヴィルヘルム・レプケとアレクサンダー・リュストウの道に従って、自由主義とその凋落を、ときに「社会学的」と称される歴史的パースペクティヴのもとで分析した[86]。彼らの見るところでは、競争的メカニズムの自由な作動に適合しうるような法的・制度的枠組みを創出するだけでは不十分であり、何らかの社会関連政策を遂行することによって、市場経済の諸要請に適した人間行動を促していかなければならない。アルフレート・ミュラー＝アルマックによって理論化された「社会的市場経済」において、「社会的」の語が意味しているのはこうしたことなのである[87]。明らかに、この表現は社会主義とはほとんど関係がない。

冷戦という文脈の中、オルド自由主義は速やかに連邦共和国の支配層を征服した。共産主義ともナチズムとも遠く隔たったこの学説は、市場を正統性の源とする法治国家の誕生を促した。こうして西ドイツの復興は、社会主義志向というよりは自由主義的な基盤のもとに進められたのである。[88] このような政策は、ルートヴィヒ・エアハルトの軌跡と見事に重なり合う。ドイツ敗戦前には企業家向きの研究を行うある研究所の所長を務めていた彼は、ナチズム崩壊後に新自由主義の主張に全面的に転じ、[89] わずか数年のうちに目覚ましい政治的成功を収める。一九四五年にバイエルン州の経済大臣となった後、バイゾーン――ドイツの米英両国占領区域――の財政管理を担当する専門家委員会の一員となり、ついで同区域の経済管理局長となって、一九四九年にはついに、連邦経済省のトップにまで登りつめる。彼は経済大臣の職を一九六三年まで勤め上げた後、同年、首相に選出される。連邦共和国の「経済的奇跡」――ドルのドーピングを受けつつ達成したものだが――に関連する一連の措置の大部分は、エアハルトの促しのもとに実行されたのである。一九四八年の通貨改革、物価の漸進的自由化、公共企業の民営化、等々。一九五七年七月の競争制限禁止法（Gesetz gegen Wettbewerbsbeschränkungen）は、こうした政策の最も象徴的な成果のひとつである。[90] 一〇九条からなるこのモニュメントは、協調的行為・垂直的集中・独占に関わる。この法律の独創性は主として、協調的行為の禁止原則を導入しつつも、広範な例外的事例を前もって定めた点にある。経営者層には大いに不都合なことながら、この法はまた、ある独立した行政機関を誕生させる。すなわち連邦カルテル庁（Bundeskartellamt）であって、所属する職員はすぐに一五〇人以上を数えた。こうしたモデルが欧州の競争政策に対し、大いに影響を与えることになるのである。

ルートヴィヒ・エアハルトはもちろん、ただひとりで行動したのではない。彼はオルド自由主義を信奉する専門家たちに囲まれていた。バイゾーンの学術顧問団はすでにその列のうちに、フランツ・ベーム、ヴァルター・オイケン、レオンハルト・ミクシュ、アルフレート・ミュラー＝アルマックを数えていた――彼らみながドイツ並びに世界における、新自由主義運動の重要人物である。ミュラー＝アルマックをエアハルトの主要顧問として、経済省は彼ら新自由主義者たちのみが出入り可能な私有狩猟地の様相を呈する。[91] 経済省は実際、数多くの人的ネットワークの結節点であった。オルド自由主義は自らの理論誌『オルド』を持っていた。第一号が一九四八年八月に刊行されたこの雑誌のお気に入りの主題のひとつは、競争政策であった。『オルド』誌は、その普及に尽力するロビーにも恵まれた。社会的市場経済行動協会（Aktionsgemeinschaft soziale Marktwirtschaft）、一九五三年に生まれたこの組織のネットワークは、ジャーナリズム――『フランクフルター・アルゲマイネ・ツァイントゥンク』――から経営者層へと、さらには議会にまで広がっていた。そしてこの議会においてこそ、オルド自由主義はまったく予想外の快挙を果たしたのである。成立間もないCDU（キリスト教民主主義勢力）は、当初は自由主義的資本主義とは距離を取っていた。しかし一九四九年採択のデュッセルドルフ綱領の諸条項には、パースペクティヴの根底からの転換が認められる。[92]典型的にオルド自由主義的なレトリックを用いて、この政党は今や次のように宣言するのである――「社会的市場経済とは、社会的に結合された産業経済体制であって、そこでは、自由で勤勉な人々の能力が、万人のための最大限の経済的利益と最大限の社会的公正を生み出すような秩序の構成要素となっている。[93]」

ドイツの「経済的奇跡」のおかげで、「社会的市場経済」は途方もない正統性で飾られることとなった。一九五〇年代末に生まれた欧州経済共同体の計画に糧を与えたのも、この学説である。やがて欧州委員会初代委員長となる〔一九五八～一九六七〕ヴァルター・ハルシュタイン――ECSC時代に彼をルートヴィヒ・エアハルトに推薦したのはヴィルヘルム・レプケである――からスパーク報告[一六]の共同執筆者ハンス・フォン・デア・グレーベンに至るまで、さらにはローマ条約のドイツ側の交渉役を務めたアルフレート・ミュラー＝アルマックも含めて、共同市場創出に関与したドイツ人の大半は、新自由主義を掲げていた(94)。そして欧州諸機関には、今なお彼らの刻印が残っている。

ローマ条約あるいは制度的市場の誕生

一九五七年三月二十五日に調印されたローマ条約こそは、欧州経済共同体（ＥＥＣ）を創設し、商品・労働者・サービス・資本の自由移動という、統一市場の原理を定めたものである。長期に渡った交渉の果てに、ベルギー、フランス、イタリア、ルクセンブルク、オランダ、ドイツ連邦共和国の各国は、相互の関税障壁の漸進的廃止について、また各国政策間、とりわけ農業と運輸の分野における前例のない協調形態について合意するに至った。同じく調印各国は、協調的行為や企業合併、さらには企業への国家補助の制限を約束することにより、競争におけるゲームの規則を定めた。全体の制御を担ったのは、ＥＥＣの諸機関である。

このような構築物を前にして、オルド自由主義者の幾人かは疑念を表明した。例えば、産業界のスポークスマンをもって任ずるルートヴィヒ・エアハルトは、ヨーロッパにおける広大な自由貿易地域の創設を望み、さらにそれをも超えて、「自由世界」全域での貿易自由化を想い描いていた。それこそが、彼によれば、「国際的な自由主義的秩序」[95]復活の条件だったのである。他の者たちは、いくつもの官僚機関の設置に疑いの目を向けた。いつなんどき計画経済の実施機関に変身するか、分かったものではないというのである。彼らの筆頭に挙げられるのはヴィルヘルム・レプケだが、彼の不安の源は、調印諸国を分かつ二つのグループ間の不調和であった。一方には、通貨と予算に関する厳格な規律に従う諸国があり、その代表はドイツである。他方にいるのはフランスだ[96]。実際、フランス人は当時のドイツには政治的重要性が欠けていたと考えるだけで済ましてしまいがちであるけれども、現実にはこの一九五〇年代末のドイツは、多くの利点を持っていた。すなわち当時のドイツは、例外的な経済成長、高い生産力、低インフレ、目覚しい発展を続ける輸出、パートナー諸国の関心をとりわけ惹きつける国内市場といった点で、優位に立っていたのである[97]。

仏外務省はこの経済大国に対し、各国経済の自由化の前提条件として社会的立法間の調和を受け入れさせることができなかった。「フランス側の様々な要求と留保のリストは、際限のないものだった」、ロベール・マルジョランは軽蔑の面持ちで、そのように振り返っている。「ローマ条約の交渉は、そのリストから可能な限り多くのものを却下する形で進んだ。受け入れられたのはただ、〈共同市場〉の精神に適った要求でしかなかった。例えば、関税同盟の農産物への拡大や、海外領域（pays et territoires d'outre-mer）のＥＥＣへの連合といったものである。」[98] ドイツの経営者層は、あらゆる社会的調和の発想に強固な敵対の姿勢を示した。外交担当副大臣だったモーリス・フォールは、ルートヴィヒ・エアハルトからの断固たる拒否を次のように伝えている。「独経済相の包み隠さず述べるところでは、彼はフランスの社会的立法を不吉なものとみなしており、〈共同市場〉創出の結果として、そのような立法の適用がドイツにまで拡張されるようなことはあってはならないとのことであった。」[99] エアハルトはこの「社会的ロマン主義」を、「この上なく危険」であるとさえ考えていた。[100]

欧州建設の中心的担い手でありながら、ローマ条約の交渉におけるフランスは冴えない顔つきをしていた。[101] とりわけ問題となったのはローマ条約により課された一連の段階で、それらの段階を経ることにより、各国は関税率を低下させ、輸出入の制限を撤廃し、通貨相互の自由兌換性を保証していくことが求められていた。ところが瀕死の第四共和政には、そのような約束を守ることなどできるはずもなかった。国際的緊張と脱植民地化の動きが財政に重くのしかかり、国民所得に頼らざるをえなかったのだから。〔条約調印の翌一九五八年、第五共和政発足により〕ド・ゴール将軍が政権に復帰すると、共同市場への加入がフランス経済再編の口実となった。

すでに一九五八年早々に、「改革」はヨーロッパのうちに正当性の主たる根拠を見出す。フランスの偉大を唱えつつ、新たな国家元首は「リュエフからの多大な影響[102]」に服した。リュエフは、まずは財務大臣アントワーヌ・ピネーを、ついで将軍の側近たちを説得すべく、「経済・財政改革プログラム」を定めた覚書で武装していた。一九五八年九月から十二月にかけ、専門家からなる委員会がピネーとリュエフの名を冠した「プラン」を練り上げていった。公共支出の大幅削減と増税による財政均衡の回復。平価を切り下げられ、自由兌換性を回復して、象徴的意味を込めて新フランに仕立て上げられた通貨。輸入に打撃を与える数量制限の撤廃[103]。ジャーナリズムや左派の諸政党、労働組合が激しい非難一色に染まったとはいえ――何人もの大臣が辞職することにさえなった――、ピネー＝リュエフ・プランは速やかに目的を達成した。フランスは〈共同市場〉加入の諸条件を満たしたのである。この国は、自らの運命を欧州経済共同体の運命に結びつけてしまった。

こうして、ヴィルヘルム・レプケが指摘した調印諸国間の不調和の問題は、フランスの自由主義者たちにとってはつかみ取るべきチャンスとなった。ローマ条約は、構造改革の力学のうちにフランスを組み入れ、終戦期に練り上げられた国家モデル（社会保険《セキュリテ・ソシアル》、国有化、計画化の素描、等々）の路線変更を果たすための、まれな機会を提供したのである。ジャック・リュエフの目には、ローマ条約起草者たちは大いにリアリズムを発揮しつつも、新自由主義の教えに従っているものと映った。「全面的な『自由移動《レッセ・パッセ》』ではなく、彼らが選んだのは特定の――市場の成立と存続に欠かせない諸機関の創出が政治的に可能な規模の――地理的領域に限定された市場だ。全面的な『自由放任《レッセ・フェール》』ではなく、彼らが選んだのは様々な介入により制限されたレッセ・フェールだ。レッセ・フェールが道徳的に受け入れうるもの、政治的に可能なものとなる機会は、このような介入によってこそ与えられるのである。」そしてジャック・リュエフは、「制度的市場は西洋のすべての国で、内政の諸問題を一新するに違いあるまい[104]」と結論付けている。

CGT〔労働総同盟。フランス最大の労組連合組織〕の経済研究センター所長ジャン・デュレのような組合活動家にとって、まさにそこにこそ問題があるのだった。彼によれば、「〈共同市場〉が避けがたく、多かれ少なかれ短期間のうちに引き起こすのは、各国の国民主権の消滅と、ヨーロッパ規模の超国家の創出である。」その超国家を支配するのは、ドイツの経済力だ。ローマ条約の計画を支えた哲学――「自由競争の善行」に全面的に依拠した――、およびその実現方式に鑑みて、「労働界の利益は、多くの国と地域において、深刻な脅威にさらされることになる」とデュレは主張している。労働者保護の点で遅れた近隣諸国からの圧力が働くに違いないのだから、これはとりわけフランスに当てはまる話である。経営者たちがそこからどのような利点を引き出すことになるか、この組合活動家ははっきりと理解していた。「国際競争の厳しい掟が引き合いに出され、高い雇用水準が保証されるのは、ただ労働者が『聞き分けのよい』態度を示す場合にのみであると明言されるようになるだろう[105]。」

フランスの経営者層の発言も、マルクス主義経済学者のこうした見解を裏付けている。

ジョルジュ・ヴィリエ会長——経営者中の経営者にして、モン＝ペルラン協会の一員——の声明を通して、CNPFは一九五九年二月の総会に際し、次のように通告したのである。「共同市場の条約を批准することにより、フランスは競争の道に身を投じた。それゆえ今日のフランスが選択しうるのは、前進を加速させるか急激な危機に直面するかのいずれかでしかない。[106]」管理職、労働者、従業員、みながベルトを締めなおすように促された。給与抑制と職階改編が既定路線となった。ヨーロッパ〔の統合プロセス〕は、関係諸国に朗らかな明日を約束しているように思われた。ある経営者代表の言葉に従うなら、「直接的な国際競争こそが、国にとって致命的な税制的・社会的デマゴギー〔社会保障の企業負担分と給与の引き上げ〕を阻止する唯一のチャンス[107]」を与えてくれるからである。こうして経営者層は競争を受け入れた——ただし彼らは、それと引き換えに社会的な現状維持が獲得できるという保証をも、求めたのではあるが。

こうした状況の中では、激怒するのは極左のみではなかった。高級官僚の一部もまた、中期的に見てフランスを脅かしかねないこの「全面的に自由主義的な体制」に憤りを示したのである。[108]条約調印に先立ち、穏健なピエール・マンデス・フランス[二七]も一九五七年にすでに、「正しく理に適った」唯一の解決は、「共同市場に加わるすべての国において、社会保障の企業負担分を均等化し、各種社会給付金を迅速に普及させていく(109)」ように断固として求めることであったろうと力説している。そうした要求を断念して、各国に経済政策を押し付ける権力を何らかの国際機関の手に渡すのであれば、それはまさしく、マンデス・フランスに言わせると、民主主義の「放棄」を宣言することにほかならない。「というのも健全なる経済の名のもとに、通貨政策《ポリティック》が、予算政策《ポリティック》が、社会政策《ポリティック》が、ついには最も広い意味での『政治《ポリティック》』それ自体が——内政・外交を問わず——、押し付けられるようになるのだから。」

ヨーロッパの大義のほとんど聖なるものというべき性格のために、これらの批判はほとんど注目を集めることなく終わった。上方への社会的調和という理念は、数十年を経た今日でもなお、仮想上の存在たる「社会的ヨーロッパ」にとってはクローゼットの中の死体〔触れてほしくない主題〕というほどの意味〕にとどまっている。反対に、ローマ条約は今日もなお実に生き生きとしている競争のヨーロッパを誕生させた。一九六八年七月一日にすでに、予定の日取りよりも六カ月早く、共同市場は現実のものとなった。ヨーロッパをひとつの市場として構築し、それを保護する諸手段を供給することにより、ローマ条約は、ジャック・リュエフによれば、二〇年前に開始された「自由主義思想改革の努力の完成と戴冠」をしるしづけることとなった。条約は、大規模な単一の新自由主義的市場を誕生させたのである。(110)

共同体力学の始動

ローマ条約が提供したのは、たんなる法的枠組み以上のものである。しかしこの条約は、政策の共通化を想定していたとはいえ、そうした政策の指導的路線や実現方法については必ずしも明確ではなかった。ＥＥＣの通貨委員会はそのことを、一九五九年初めに強調していた――「様々な領域において、ローマ条約は関税同盟の漸進的実現に向けての明確な諸規則を有している。しかし他の諸領域においては、この条約はただ幾ばくかの目標を定め、手続き上の一連の措置を有するのみである。経済政策全般についても同じことが言える。(111)」経済・財政担当の最初の欧州委員を務めたロベール・マルジョランの行動にも関わらず、マクロ経済の全体的調整を図っての努力がもたらした制度上の達成は、ささやかなものにとどまった。[112] こうした特徴は、一九六〇年代から一九七〇年代にかけても変わることがなかった。欧州建設は様々な計画の対象となったものの、具体的な実現に至ることはまれだったのである。例えば一九六七年、欧州委員グイード・コロンナはメモランダムの中で、加盟各国が共通の産業政策を採用するよう主張した。しかしフランスとイタリアのこのような思いつきは、ドイツのオルド自由主義者たちの好みには合わなかった。〔別の例を挙げるなら、〕バール・プラン（一九六九）、ついでウェルナー・プラン（一九七〇）はなおいっそうの通貨協調を目指し、後者においてはさらに、経済・通貨同盟の誕生が企てられた。だがこの同盟は当初予定されていた一九八〇年には実現せず、ウェルナー・プランから数えて二十年後まで待たなければならなかったのである。〔最後に述べるなら、〕ハーグ首脳会議（一九六九年十二月）で採択された三つの目標——共同市場の完成、共同体の深化とその拡大——のうち、実際に達成されたのは最後のひとつだけにすぎない。すなわちイギリス、ド・ゴール将軍に告発されたあの「トロイの木馬」が、ドイツの圧力のもと、アイルランドとデンマークとともに、一九七三年にＥＥＣに加わったのである。

けれどもヨーロッパ経済は、一九六〇～七〇年代に、ブリュッセルの一連の政策の効果によって変貌を遂げた。二つの政策がとりわけ注目される。共通農業政策と競争政策である。この両者の共存は、当初の仏独の度重なる衝突の結果であるにとどまらず、形成途上のEECの一見すると矛盾的な二つの側面を表している。前者は、実際、余剰農産物の販路を求めるフランス経済の要求に応えるものであった。後者に関心を持ったのはドイツのほうであって、この国の有力者たちは、市場メカニズムが阻害されるとなると深刻そうに眉をひそめるのだった。要するに、前者が体現していたのは介入主義であり、また競争への不信感であるのに対し、後者はまさしく当の競争をヨーロッパ規模で普及させ、守っていくことを目指すものだったのである。(113)

創設文書における両政策の取り扱いには、不均衡が見られる。農業については、「関連諸市場の共通組織化」が提案されているとはいえ、ローマ条約の記述は相当に曖昧である。第三十九条においては、一方では「農業従事者の個人所得の引き上げ」、他方では「消費者への供給に際しての妥当な価格」という、潜在的に矛盾する二つの目標が同時に設定されてさえいるのだ。(114) 競争政策に関しては、事情はずっと明瞭である。というのも、そもそも、競争原理はローマ条約の重要な個所に明示されている。「既存の様々な障害の除去は、拡大において安定を、貿易において均衡を、競争において誠実さを保証するための連携を要求する」、前文はこのように宣言している。また、「共同市場において競争が歪められないことを保証しうるような体制の設立」（第三条）が実現されたのは、EECの活動範囲を明確に定めた一連の条文の中でのことである。こうしてローマ条約に、三つの「小さな自由主義的時限爆弾」が設置された。[115] 企業間の協調的行為の禁止（八十五条）、支配的立場のありうべき濫用の監視（八十六条）、国家援助のきわめて厳格な制限（九〇、九十二～九十四条）の三つである。

一九五八年七月、ストレーザ会議において公式に開始された（この件に関する議論は一九五〇年代を通して続けられてきたとはいえ[116]）農業関連交渉は、骨の折れる作業の末、一九六二年一月十四日に最初の合意に達した。EEC理事会は関連諸市場（穀物、果実、野菜、ワイン等々）を組織し、EEC予算で運営される欧州農業指導保証基金（FEOGA）を創出し、最低価格制度を打ち立てるものとされた。長年にわたり共同体の主要政策であったこの共通農業政策（CAP）こそは、加盟国間に生じた数々の緊張の結晶化する場所にほかならず、そのため統合プロセス上の真の制度的危機が幾度も引き起こされてきた。今なお最も有名なのは、いわゆる「空席危機」（一九六五～一九六六年）である。筋金入りのオルド自由主義者、欧州委員会委員長ヴァルター・ハルシュタインが、予算に関する委員会の権限を強化しようとしたとき、フランスは断固たる反対を表明して、六カ月に渡りEECのいかなる会合にも参加を拒絶したのだ。CAPがEEC予算の大きな部分を占めるものだったことを、ここで指摘しておこう。共通農業政策へのフランスの執着は、ド・ゴール的ナショナリズムの産物として、また財界からの継続的圧力の結果として解釈されたが、[117] いずれにせよ、パートナー諸国を苛立たせるものであった。

一九六〇年代末に「ド・ゴール以後」が始まると〔六九年四月に大統領辞任〕、CAPは改革の意欲の対象となった。一九六八年十二月、シッコ・マンスホルト欧州委員が提案したのはまさしく、FEOGAへの支出額を削減し、農村人口の都市への流入を促して、農場の規模を拡大させることであった。EECは自給可能な存在以上のものなのだから、もはや家族農場の時代ではない。家族農場は近代的企業に変身しなければならないというのである。計画は多くの抵抗を引き起こし、議論は果てしなく続いた。ベルギーの畜産業者たちは、彼らの雌牛たちを付き従えて、一九七一年二月十五日〜十六日の農相理事会に闖入する。(118) その一カ月後には、暴力的なデモがブリュッセルの市街を燃え上がらせるだろう。死者一名というのがその結果だ。しかし効果は何もなかった。一九七二年四月十七日、三つの指令が出されて、ＣＡＰの改革が始動する。フランス人は覚悟を固めなければならなかった。「〈共同市場〉は［……］もはや補足的な販路の源泉であることをやめ、一つの競技場となってしまった」、このように要約するのはミシェル・コワンタ、ブリュッセルにおける仏農業代表団の元リーダーである。(119) しかし石油危機のために、さらに大規模な変化にはブレーキがかけられた。生産量の恒常的な増大、合州国との競争の激化、生産費の上昇という状況下で、改革は一時中断されたのである。

生産性至上主義的かつ保護貿易主義的なＣＡＰが、ただちに共同市場のゲームの規則に適ったプレイヤーとなったとはおそらく言えない。しかし、それを新自由主義と相容れないものとみなすのは誤りだろう。ＣＡＰは農業従事者援助のために国家レベルで採用されてきた社会政策の延長であり、それゆえあの「社会関連政策」(一一八)に属している。「社会関連政策」とは、社会にもたらす衝撃を和らげながら構造改革を推進していくに当たり、新自由主義者たちが愛好するものである。[120] 経済学者フランソワ・ビルジェが一九六四年に書いているように、「農業をすぐに市場の法に従わせるわけにはいかない。市場の法は農業従事者たちには致命的なものとなりかねず、深刻な社会問題を引き起こしかねないのだから。〔……〕目標達成のためにあらゆる措置を講じ、かつまたそれらの措置が他の市場に対して直接の有害な影響を及ぼさないように注意しながら、農業に自由市場への準備をさせていく必要がある。[121]」これこそが、ＥＥＣが農業政策に割り当てた目標だった。それにまた、農業政策はより全般的な枠組み、すなわち共同市場の枠組みから切り離しうるものでもなかった。いかなる犠牲を払っても、ＣＡＰは農業共同市場（ＣＡＭ）の実現を目指した。いくつかの例外事項はあるにせよ、これはローマ条約が打ち立てた競争秩序の諸原理に従って機能するような共同市場である。この競争秩序のもとでは、「社会構造に働きかける直接の援助は、市場の競争的性格を損ないかねないとの嫌疑をつねにかけられる。それゆえそのような援助はつねに違反行為であるとみなされ、経済的合理性に適った形での弁明と正当化を要求されることになるのだ[122]」。

実際、競争政策こそは、最も見過ごされがちなもののひとつでもあるけれど、今日に至るまで共同体の主要政策のひとつなのである。たいていの場合は「消費者」保護の観点から正当化されるこの競争政策は、企業行動を拘束する諸々の措置を実行に移す。しかし、それが練り上げる法規的枠組みは同時に、企業に対して予測可能性と情報を保証してもいる。それゆえ競争政策は、反トラストの民主主義的闘争の道具としても、現代資本主義を保全する手段としても考えうるものだ。「競争政策」なる表現によっていっそう強められているこうした両義性は、政策をめぐるコンセンサス形成には好都合なものだった。ただしそもそも、この上なく洗練された法学的・経済学的知識が活用されるため、それが一貫した性格を持ったひとつの政策として認識されること自体、まれにしかないのではあるが。

いずれにせよ、競争関連の欧州法に対して大きな影響力を行使したのは、紛れもなくオルド自由主義である。ローマ条約採択に先立つ交渉の過程で、独仏はそれぞれ異なった構想を支持していた。ドイツがオルド自由主義のヴィジョンに則って交渉に臨んだのに対し、フランス側の態度は分裂したものであった(123)。結果として、競争政策を欧州統合の特権的な一手段としつつも、ローマ条約は断定的な態度を取ってはいない。しかし、企業間の協調的行為に関する第八十五条を柔軟に解釈するフランスの立場は、次第に退けられていった。

フランスの交渉者たちが望んだのは、監査が事後になされること、そうして消費者に有害と判断される協調的行為のみが訴追の対象となることであった。しかしEEC委員会の競争総局（DGⅣ〔Directorate General IV〕）は、上層部の意向に従い、第八十五条をドイツ法の観点に沿って理解した。[124] すなわち、協調的行為は原理的に禁止され、事前の通告が必須となったのである。一九六二年採択の規則十七はこうした方向性を確認し、かくしてDGⅣの権限は強化された。ドイツの連邦カルテル庁にならい、協調的行為に関するあらゆる権限が競争総局に集中していった。

ハンス・フォン・デア・グレーベン〔ドイツ選出の競争担当委員〕をトップに据えて、EEC委員会中のこの「ドイツ的」部局は、地球規模の競争政策を構想すべく苦労を重ねた。ルートヴィヒ・エアハルトが掌握するドイツ経済省での経験を持つ高級官僚であるハンス・フォン・デア・グレーベンは、オルド自由主義を信奉する専門家たちの助力を広く求めた。彼らみなが、「経済秩序は自ずから生じるものではなく、ただ競争に関する法的秩序の整備によってのみ打ち立てられるものだ[125]」との確信を共有していた。とはいえ、規則十七／六十二が競争政策を軌道に乗せたのはたしかであるにしても、具体的な活動はそれほど盛んにはならなかった。一九六四年には初の禁止令の一件のみ、一九六五年には三件、一九六二年から一九六八年にかけてはたったの五件である。[126]主たる理由は二つある。第一に、DG Ⅳは、大量に受け取ることとなった通告（一九六二年には三万六千件）に押しつぶされてしまったのである。諸企業が示し合せての行動の、犠牲になったわけだ。第二の理由として挙げるべきは、加盟各国が閣僚理事会を介し、競争総局に対して「カルテルと独占の監督業務を遂行するのに必要な行政的・法的諸手段を与える[127]」のを拒んだという事実である。

一貫した産業政策を採用することができずに、EECは実際のところ、「ナショナル・チャンピオン」戦略と称される路線を各国が取るに任せた。アメリカの多国籍企業に比べて慎ましい規模にとどまっている各国の企業を育成し、それらの企業を世界市場で活躍させなければならない――一九六〇年代から一九七〇年代にかけて流行したリフレインは、このようなものであった。こうした目標を目指すなら、加盟諸国は各国独自の技術規格に閉じこもることにより、EEC内外での競争を制限することになる。こうして、例えばフランス政府は一九六〇年末、イタリア家電製品の侵入を阻むことができた。イタリアの家電メーカーは、きわめて厳格な安全規定に適合するよう命じられたのである。[128]ナショナル・チャンピオン戦略はまた、一国内での企業集中の促進と大規模な産業助成を前提とするものであったが、それはすなわち、支配的地位と国家援助に関するローマ条約の諸条項を尊重しないことを意味する。そしてこの点では、加盟各国は遠慮することがまるでなかった。化学・石油・製鉄に関し、ド・ゴールとポンピドゥーの両大統領時代に採用された産業政策のことを想起してほしい。「国家の黄金時代[129]」と称されるこの時期には、公共部門と民間部門間の多くのパートナーシップが発展したばかりでなく、さらには国民経済の状況の再構成に国家が積極的に関与していた。

市場の道に対して繰り返し課されるこうした障害も、当時はまだ、委員会を過度に不安がらせることはなかった。その証拠に、一九七八年、DGⅣは次のように考えていたのである——「国家援助は以下の目的のために必要とされるときには承認されるべきである。すなわち、深刻な地域間不均衡を修正すること、ある種の産業において不可欠な順応や発展を助け、また加速させること、何らかの経済活動の後退が、社会的混乱をもたらすことなしに行われるよう取り計らうこと、第三者の行為に由来する競争の歪みを、少なくとも一時的に無効化すること[130]」。

共同市場のルールは自由主義的なものであったが、多くの例外が許容されていた。一九七〇年代の経済危機も、そうした状況に大いに関与した。それでもやはり、欧州統合が構造的な変化を開始させたのは事実である。欧州統合の効果としてはまず、国家による自国経済の統制が弱められたことが挙げられる。実際一九六〇年代中盤以降すでに、多くの観察者が一致して、「フランス流の計画化[131]」の避けがたい衰退を予想していた。ハンス・フォン・デア・グレーベンはそれを、自明のこととして述べている。「市場開放の後では、様々な経済部門における国民レベルの数量目標の設定は〔……〕次第に難しくなってくる。というのも一国内における介入や助成措置はすべて、効力を失ってしまうのだから[132]。」

共同市場の装置は始動した。ド・ゴール将軍の後継者たるジョルジュ・ポンピドゥーは、〔大統領となった〕一九六九年早々に、そのことを確認している。「国際的な自由主義を選択した以上、国内的な自由主義をも選択しなければならない。国家は経済への統制力を弱めていかねばならず、それをいつまでも指導したり統制したりしようと求めるのは断念しなければならない[133]。」以後、経済政策において優先されるのは国際収支の均衡であり、インフレとの闘いであり、為替レートの安定である。通貨政策上の諸協定が各国を束縛していただけに、なおさらそうならざるをえなかった。ブレトン・ウッズ体制――各国通貨の価値は一九七一年まではドルとの関係で固定され、ドルはといえば金に結び付いていた――の終焉とともに、欧州諸国は「通貨の蛇〔トンネルの中のスネーク〕」[二九]を設立した。一九七二年、バーゼルで調印されたこの協定は、各国の中央銀行に対し、相対的に安定した平価制度を維持すべく介入することを求める。それはすなわち、ドルの凋落と甚だしい投機の時代にあって、各国通貨がマルクに結び付けられるということである。この制度はすぐさま限界を呈した。各国はフランスのように、スネークから何度も離脱したし、イギリスのような新規加盟国は、共同体加盟時にほんのわずかな期間、そこに滞在するだけだったのである。こうした理由から、一九七〇年代末に、通貨のスネークは欧州通貨制度に席を譲ることとなった[134]。

　こうした騒乱からもはっきりと分かるように、通貨問題に関しては何よりも厳格さが重視されていた。このような状況においてこそ、ミルトン・フリードマンのようなアメリカ新自由主義者たちの仕事を発想源とするマネタリズム的主題系が、広く共有されるに至ったのである。貨幣量の厳格な管理を提案することにより、それは貨幣権力と政治権力との結びつきを断ち切ることを目指した。成長と完全雇用は以後、もはや優先目標ではなくなってしまう。経済政策上のこうした方向転換は、元欧州委員会副委員長〔一九六七～一九七三〕レーモン・バールがヴァレリー・ジスカール・デスタン政権下のフランスで首相となるにおよんで（一九七六～一九八一）、明白なものとなった。フリードリヒ・ハイエクの翻訳者[135]にしてヴァルター・オイケンの読者であるこの「フランス最高の経済学者」〔ジスカール・デスタンの言葉〕は、オルド自由主義の学説をフランスに移入しようと試みたのである。いくつかの措置がこの転回を象徴している。工業製品価格の漸進的自由化、公共企業における財政均衡の追求、家計貯蓄の支持と、住居の個人所有の奨励である。一方では経済活動への介入の務めから国家を解放すること、他方では市場社会に適応した行動を取るよう諸個人を促すことが目指されていた。

「社会的市場経済」のレーモン・バール版は、からかいの的とはなった。「フランスにおいては、ドイツ・モデルの実行は多くの困難を、欺瞞の入り混じった一種の重苦しさのようなものを含んでいる」、例えばミシェル・フーコーは、一九七〇年代末のコレージュ・

ド・フランス講義でこのように述べている。[136] しかしバールの試みが、現に作動していた独仏モデルの接近の徴候だったのは事実だ。おそらくは当時、競争のヨーロッパはいまだ潜在的な状態にとどまっていたのであって、各国はときおり、共同体の勧告を遠慮なく手の甲で払いのけていた。だが数年後には、ブリュッセルは加盟各国を、それもしばしばそれら諸国の積極的了解のもとに服従させることとなる。このような変化の主だった動向は、すでに表れていた。共通農業政策の改革、自由競争に対する障害の除去、厳格な通貨政策、国家介入の諸制度の蹂躙。いまやサッチャーのイギリス、ミッテランのフランス、組織された欧州経営者層の登場するときである。

第三章　完成するヨーロッパ

「ヨーロッパは我々の構造調整プログラム[三〇]だった[137]。」

ローマ条約調印以降のヨーロッパが、外交政策の分野で重要な役割を果たしてきたとはおそらく言えないだろう。だが反対に、その経済力は強固なものとなった。共同市場のヨーロッパから単一市場のヨーロッパへ。六カ国のヨーロッパから二十七カ国のヨーロッパへ（うち十六カ国はユーロを採択している）。ヨーロッパはまた、そのスタイルを変えた。一九六〇年代から一九七〇年代にかけてのヨーロッパが掲げていたのは、欧州委員会副委員長（一九六七〜一九七三）レーモン・バールの無骨な顔立ちだ。経済成長の収縮を唱えているというのでローマ・クラブ（七二年の報告書『成長の限界』で知られるシンク・

タンク」の推進者たちを難詰していた、あのレーモン・バールである。二〇〇〇年代初めのヨーロッパが選んだのは、優雅なピーター・マンデルソンの顔つきだ。ジェット機族のヨットの常連であるこの対外貿易担当委員（二〇〇四〜二〇〇八）は、「息絶えるそのときまで(138)」自由貿易を擁護し続けるつもりだとうそぶいていた。

つまりは、かつての厳めしげなド・ゴール流自由主義に、当世流行のニュー・レイバー主義が取って代わったのである。今日のEUの制度的秩序においては、新自由主義の基盤のもと、左右の政府が実に驚くべき交代可能性の印象を与える。このような制度的秩序を生み出したことこそは、欧州建設の見事な達成である。二〇〇五年のことだが、きわめて自由主義的な競争担当欧州委員ネリー・クルース（オランダ人）は、彼女の社会主義者の前任者の一人（ベルギー人カレル・ファン・ミールト）について語るよう、あるジャーナリストに求められた。彼女は、二人の「イデオロギー的な近さ」が疑われうるという事実に驚き、次のように答えた。「私たちは二人とも、大抵の状況においては、自由にまた競争的に機能する市場こそが経済成長を可能にするのだと考えています。そしてまた、この経済成長こそが私たちの社会モデルの主たる財源となっているのだと(139)」。投票箱において繰り返される欧州憲法条約の失敗も、ヨーロッパの経済担当当局と加盟各国政府を立ち止まらせはしない。市場の柔軟性と自由競争という信条は、固く保持される。

ヨーロッパの経済建設五〇年の間に生じたのは、新自由主義への「転換」ではなく、むしろ最初の一歩から続いていた勾配の激化だったのかもしれない。単一議定書、マーストリヒト条約、そしてアムステルダム条約と、この傾向は一九八〇年代から一九九〇年代にかけて次第に強まっていき、もはや後戻りできないように思えるほどだ。出発点における仏独間の妥協に続いて現れるのは、アングロ＝サクソン圏への参照の入り混じった勝ち誇るオルド自由主義である。その支配力は、ヨーロッパが東へ拡大するにつれて増大している。こうしてヨーロッパは、国民国家の枠組みを超えた力関係が発展しつつあるこの世界において、ますます広範に渡る運動を展開していく。追従者たちは自由主義的グローバル化に抗する城壁としてのヨーロッパを称えるが、それはまったく夢想にすぎない。実際には、ヨーロッパはまさに自由主義的グローバル化を推進する主要な力のひとつなのである。

一九七九年、ヨーロッパはカシスをたしなむ

一九七九年二月二〇日、欧州司法裁判所（ＥＣＪ）はある判決を下した。その表題――「レーヴェ・ツェントラル（株）対連邦アルコール独占局（*Rewe-Zentral AG* contre *Bundesmonopolverwaltung für Branntwein*）」――を見る限り、この判決は本来、後世に語り継がれるような代物ではなかった。しかし、やがて賢明なブリュッセル当局により「カシス・ド・ディジョン判決」との再命名を施されるこの判決こそは、欧州建設が採用してきた自由主義的方向性を改めて強調する機縁となったのである。のみならずこの判決は、法の相互承認という発想を導入した。ほんのひと口のリキュールが、単一議定書への道を開いたのだと言えるだろう。そして、しばしば起こることだが、統合プロセスはここでも、あらゆる民主的監視の外でなされた技術上の一決定の力を借りて前進したのである。

事件は、カシス・ド・ディジョンのドイツへの輸入業者と連邦アルコール独占局とのいさかいから始まる。レーヴェ・ツェントラルというこの企業は、アルコール含有量がドイツの国内基準以下を示していたため、このフランス産リキュールをドイツで売り出す権利

を獲得できなかったのである。ヘッセン州の財政裁判所を前に、申請人たるレーヴェ社は共同体法を引き合いに出す。今回の輸入禁止措置は、輸入に対する「数量制限と等しい効果を持つ措置」――ローマ条約第三〇条で言及される概念であるが――に当たるというのである。公衆衛生上の（弱いアルコール飲料はより容易に習慣性を引き起こすという）、また経済上の（アルコール含有量が少なければ、生産費もそれだけ少なくなる）議論を口実に、ドイツ当局は共同市場内部での商取引を妨げている。そのようにレーヴェ社は主張したのである。

欧州司法裁判所はこの事件に先立ち、「数量制限と等しい効果を持つ措置」を定義して、それは「加盟国の通商規制のうち、直接的または間接的、現実的または潜在的に、共同体域内貿易を妨げかねないもの」のすべてを意味するのだと述べていた（一九七四年七月十一日のダッソンヴィル判決）。こうして欧州司法裁判所はすでに、加盟諸国の介入主義に対する恐るべき武器を鍛え上げていたのである。曖昧な定義であるが、まさにそれゆえに、この定義の解釈を行う欧州司法裁判所は大きな力を獲得することができた。こうしてこの裁判所は、次第に共同市場確立の主たる動力となっていくのである。そしてこの法廷は、間接的な手段によってであろうとも、加盟国が競争的な規則に違反することをおよそ好まない。たとえば、アイルランド製品貿易理事会（Irish Goods Council）が一九八〇年代初頭に、「アイルランド製品を買おう」というテーマで宣伝キャンペーンを開始したとき、ＥＣＪはアイルランドに有罪判決を下した。消費者の選択を特定の方向に誘導しようとすることにより、市場を自由に機能させなかったというのがその理由だ(140)。

欧州司法裁判所というこの「調理室」は、巨大なヨーロッパ市場建設のための、前代未聞でまさしく革命的なレシピの生み出されるるつぼだったのである。カシス・ド・ディジョンが思いもよらぬ力を発揮して見せたのも、欧州市場建設というこの旗印のもとでのことだ。この事件において、ＥＣＪは申請人レーヴェ・ツェントラルの言い分を認めた。連邦アルコール独占局の主張のうちには、「共同体の基本原則のひとつである商品の自由移動の要請に優越するような、一般の利益に適った何らかの目的」を見出しえなかったからである。ここで喚起されているのは、商品の自由流通の原則の優位である。しかし、裁判所はさらに、次の重要な点を付け加えた。「いかなる共通の規制も存在しない場合には、共同体域内での流通が、特定製品の販売に関する各国立法間の齟齬のために阻害されることが容認されるのは、そのような措置が緊急の要請を満たすために必要であると認めうるときのみに限られなければならない。緊急の要請とは、とりわけ、税制上の監視の実効性、公衆衛生の保護、商取引の公正、および消費者保護に起因するものである」。言い換えると、これらの要請のいずれかが現実的に危険にさらされていないのであれば、輸出元の国内基準が輸出先のパートナー諸国においても有効に働くことになる。たとえそれが、輸出先の現地法と矛盾するのだとしても、である。

「カシス判決」は三つの意味で重要である。第一に、この判決からは法の相互承認の原則が引き出されることとなったが、この原則のおかげで、各国立法全体を事前に調和させることなしに、欧州統合の再起動を企てることが可能になった。第二に、この文書は、競争相手国から流入する製品に国内の技術基準を対抗させるという加盟各国の能力を制限した。「ナショナル・チャンピオン」戦略は、こうして再検討を余儀なくされたのである。[141] 第三に、「カシス判決」は、〔全加盟国に共通の〕一般的な法を課すことによってではなく、各国の法を競争させることによって進められる欧州建設というイメージを、人々の心に植え付けた。[142] 各国立法間の競争とは、まさしく自由主義者たちの夢である。それこそは、彼らがたんなる通商規則作成を超えたところに想い描いた、欧州統合をめぐる様々な計画の根本原理であったし、サービス自由化の有名な指令〔訳註七を参照〕の草案を作成するに際して、フリッツ・ボルケステインもこの原理から発想を汲み取ったのだった。

振り返ってみるなら、一九七九年二月の判決は、欧州司法裁判所（ＥＣＪ）というこの機関の権力を象徴する役割を果たしたと言える。欧州連合のこの主要裁判機関は、欧州石炭鉄鋼共同体から受け継がれたものだが、ローマ条約の「解釈および適用における法の尊重」の保証を役割としている（第一六四条）。加盟国と同数の裁判官により構成され、法務官により補佐されるこの裁判所は、欧州委員会、加盟各国、さらには個人または法人からの提訴を受け付けることができる。ＥＣＪは各国の法廷のみならず、加盟各国や共同体諸機関をも監督する。欧州法が関わっている際に照会をしてくる各国裁判所に、ＥＣＪは意見を述べる。またＥＣＪは加盟各国が共同体に対する義務を遂行しているかどうかを監視し、各国の怠慢や違反を認定することができる。さらに、共同体法に不適合とみなされた場合、各国の司法上の決定を取り消す権限を持っている。こうした基盤に立って、欧州司法裁判所はその創設以来、大いに働いてきた。五五五七近くの判決が、一九五二年から二〇〇七年の間に出された。[143] 直接訴訟が案件の大多数を占めているが、それら案件の中でも三〇七二の判決の対象となるという名誉を受けているのは、「加盟国による義務不履行」である![144]

当初のECJはおそらく、部門間および国家間の利害調停の場であったにすぎず、そこで裁判官たちが何らかの超国家的共同体を形成していたというわけではなかった。しかし、加盟国間の仲介役を務める欧州司法エリート層が徐々に形成されていき、それに伴って、共同体レベルの法形成もまた進展することとなる。[145] ローマ条約調印時にすでに、交渉に当たった人々は各国法に対する共同体法の優位を確立しようと望んでいた。元パリ大学法経済学部長ジョルジュ・ヴデルのアカデミー・フランセーズ入りに際しての歓迎演説において、かつて〔ローマ条約交渉時の〕ブリュッセルにおけるフランス代表団の幹事長を務めたジャン゠フランソワ・ドゥニオは、一九五七年に彼ら二人がともに加担した「陰謀」を振り返り、次のように語っていた――「ヨーロッパ人たちのこの『陰謀』にとっての道具は法であり、そしてまた欧州司法裁判所です。もちろんそこには、あなたの積極的な加担が欠かせませんでした。オルセー河岸〔仏外務省〕の法律顧問が警告の覚書を積み重ねても無駄であって、モーリス・フォール〔ローマ条約交渉時の外交担当副大臣〕はあなたに、『そんなものは無視してくださいとの指示を与えたのですし、ポール・ルテールとあなたが掲げたのは、欧州法の優越の原則でした。つまりあなたのおっしゃる『欧州規準の』原則であり、またこの欧州規準の〔加盟各国への〕直接的適用の原則です[146]」。事実の上では、国際的起源に由来する法と国内法との相互不干渉というそれまでの慣例を破ったのは、一九六三年二月五日の有名なファン・ヘント・エン・ロース判決である。それ以後、どんな市民も自国の法廷を前にローマ条約の規定を引き合いに出すことができるようになった。ついで一九六四年七月十五日のコスタ対エネル判決が、共同体構築をいっそう強固なものとした。この判決においては、ローマ条約締結により、各国は「自らの主権的権利を制限し、かくして各国国民および各国自身に適用されうる〔各国法とは別個の〕法体系を創出した」との明言がなされたのである。一九八六年、市民が「ヨーロッパのための憲法」を採択するようにと要請される二〇年ほど前にすでに、欧州司法裁判所はEEC条約〔ローマ条約〕を「基本的な憲法的憲章」とみなすことさえしている。その番人を務めるのがこの裁判所というわけである〔判例二九四／八十三、エコロジー政党「緑の党」対欧州議会）。各国の法廷が事態を受け入れるのには往々にして時間がかかったとはいえ、各国法の上に立つヨーロッパの自律的な法的秩序形成の段取りは、こうして次第に整えられていった。

ここにまず見るべきは、自己の権力強化を進める司法機関の積極的活動に連動して為される、国際法の各国法への優越という古典的策略ではあるだろう。しかしだからといって、超国家的な〔統合欧州の〕構築というこの前代未聞の企てのうちに、自由主義的要求が認められないということにはならない。ファン・ヘント・エン・ロース事件は、ベルギーの一輸送会社とオランダ関税局とを争わせるものだった。後者への関税支払に、前者は異議を申し立てたのである。コスタ対エネル訴訟はといえば、こちらが関わっていたのはイタリアの電力部門の国有化から生まれた企業、国営電力公社（ＥＮＥＬ：Ente Nazionale per l'Energia Elettrica）である。元株主の一人が、国有化により損害を被ったと考えて、電力料金の支払いを拒絶していたのだ。欧州統合の基礎をなす諸文書について欧州司法裁判所が提示する解釈は、たいていの場合、自由主義的立場からの警告という傾向を持つ。二〇〇七年十二月に出されたヴァイキング事件判決とラヴァル事件判決[二二]では、ＥＣＪは共同市場におけるサービス提供の自由（ローマ条約第四十九条）の名のもとに、スト権に対して——それを基本的権利であるとは述べつつも——新たな制限を課すことさえしている。そして、便宜置籍に対する闘いを、企業設置の自由（ローマ条約第四十三条）の下位に置いたのである。(147)ＥＣＪはローマ条約の正統的読解への執着を定期的に繰り返すことに甘んじてはいない。それだけのことに満足しているのであれば、この裁判所はモッツァレラの成分やキュウリの曲がり具合の口やかましい監督者たるにとどまっているはずなのであるが。(148)ＥＣＪはさらに、法の作り手でもあるのだ。それは「加盟国から諸々の権限を奪い」、「西洋法解釈の根本諸原理を徹底的に無視」し、「立法者の意志」をないがしろにして「当の意志とは反対のことを言わせ」、さらには「将来の諸判決の基盤となるような法原理を発明してしまう」(149)。ともかくこれが、ドイツの元大統領、キリスト教民主主義者のロマン・ヘルツォークが断言していることなのである。

【コラム】「モッツァレラ」をヴォラピュクではどう言うか？

一九八七年七月二十三日の理事会規則（ＥＥＣ）第二六五八／八十七号付則Ｉ――関税・統計品目分類および共通関税率に関するもので、二〇〇二年八月一日の委員会規則（ＥＣ）第一八三二／二〇〇二号により修正が加えられた――に見られる合同関税品目分類の小見出し〇四〇六　一〇は、以下の意味に解釈されなければならない。すなわち、この分類表が適用されるのは、製造後一週間から二週間にわたり二℃と四℃の間で貯蔵された、ピザ用の塊モッツァレラであるという意味に。ただし、この貯蔵期間が当該のモッツァレラにとって、とりわけ成分・外見・風味に関するひとつのまたは複数の特徴・属性の獲得に至るような何らかの変容過程を被るのに十分である場合にはその限りではない。上記の条件が満たされているか否かの決定は、移送された裁判所の権限に属する。

二〇〇六年六月八日の欧州司法裁判所（第六法廷）判決（ドイツ・ミュンヘン財務裁判所の先決決定）、ザクセンミルヒ株式会社対ニュルンベルク上級財務管理局。

しかしカシス・ド・ディジョン判決の影響力はおそらく、ＥＣＪにというよりもいっそう、欧州委員会それ自体を筆頭とする、この決定の解釈者たちに多くを負っている[150]。実際、この判決文は絶好のタイミングで出現したのである。一九七〇年代末のあの「欧州硬化症[三一]」の時期にあって、欧州委員の幾人かは統合プロセスを再起動させようとしていたところだったのだから。例えばエティエンヌ・ダヴィニョン。彼はポール＝アンリ・スパーク（一九六〇年代のベルギー外相時）の官房長を務め、今日では投資銀行家となっている。ビルダーバーグ・グループの中心人物の一人でもある。ジェンキンス委員会（一九七七〜一九八〇）では「産業問題・域内市場・関税同盟」を担当し、ついでやはり産業問題を担当したトルン委員会（一九八一～一九八四）では副委員長を務めた。彼が輪郭を定めようと試みた欧州政策の目標は、危機に瀕した諸部門（製鉄、繊維）を守ること、共同市場を強化すること、さらなる統合――とりわけ情報と通信の分野での――を目指す諸計画を発展させることであった。介入主義を唱えつつも市場経済を全面的に擁護するこの欧州委員は、あの危機の時代に流行した新保護貿易主義に対する激烈な闘争を主張していた。このような方向性に沿って、彼の官房のメンバーの一人、法学者アルフォンソ・マッテラは、以下の三つの柱に依拠した戦略を練り上げたのである。第一の柱は、いまや「カシス・ド・ディジョン」判決と名を変えたレーヴェ・ツェントラル判決から引き出された、法の相互承認の原則である。第二の柱は、各国立法間の調和は、共同体が優先的地位を認めた諸部門のみに限られるというもの。最後に、いずれかの加盟国で新たな諸基準が採用された場合、それら諸基準を欧州委員会および他の加盟国に通告することによって、技術的障害を予防することというのが第三の柱だ[151]。

こうしたわけで、カシス事件に下された裁きは、調和に関する欧州の戦略を軌道修正するためのまたとない便宜を提供したのである。欧州委員会がＥＣＪの判決についての解釈を発表するのは、その誕生以来初めてのことであった。法の相互承認の主題が前面に浮上したのは、委員会のそそのかしがあってのことだ。とりわけ、委員会は将来に向けての政治的指針を定めた。一方では、「あらゆる貿易規制に対して闘いを挑むこと」、他方では、「共同市場の運行への障害となりかねない各国立法を、調和させるべく努めること」。この二つが欧州委員会の義務となるのである。(152)

単一市場に先立って――単一思想(三三)

こうして、欧州司法裁判所とテクノクラシー的ブリュッセル当局の強力な推進力のもとで、ヨーロッパは単一議定書へと歩みを進めていく。ジャック・ドロールが「創設の父」の役を熱望するずっと以前から、エティエンヌ・ダヴィニョンは舞台の前面で活躍していたのである。孤立していたどころか、この産業担当欧州委員は、重要度の点でも性質の点でも勢力の点でも実に多彩な一群のアクターの協力を得ていた。共同体諸機関の中では、一九七九年に普通選挙による初の議員選挙を行った欧州議会が、域内市場完成の主要な推進力のひとつとなる。たしかに、この議会にはほとんど権力がなかった。しかし新改宗者の熱狂をもって、欧州議会議員たちは共同体発展に寄与すべく主導性を競い合った。この点でとりわけ積極的な態度を見せたのは、欧州人民党——議会の第二勢力——のキリスト教民主主義者たちである。一九八三年九月一日、ブリュッセルで行われた会合に際して欧州人民党の執行部が示した見解は、欧州委員会の見解に相当に似通ったものだった。「［欧州共同体の］諸機関は、種々の保護貿易的措置の行使に反対すべく、なおいっそう断固たる介入を行う」、「貿易における種々の技術的障害は、欧州規準の設立、および画一的なアクセス条件の確立によって、除去されなければならない」、「国境通過を妨げる種々の官僚的障害」についても同様である——全会一致で可決された決議において、欧州人民党執行部はこのように宣言している(153)。

こうした確信はまた、きわめて影響力のある経営者団体、欧州産業人円卓会議（ERT：European Round Table of Industrialists）にも共有されていた(154)。この組織は、欧州委員エティエンヌ・ダヴィニョンとフランソワ＝グザヴィエ・オルトリ（フランス計画庁元長官にしてMEDEF《メデフ》(二四)国際部門の未来の名誉議長）の支持を受け、一九八二年に始動した。創設を担ったのはボルボ社長のペール・ユーレンハンマーである。他の欧州経営者組織とは一線を画しつつ、彼は欧州統合プロセスに影響力を行使しようと望む第一級の実業者たちの団体を作り上げた。彼らの中には、フィアット、ネスレ、フィリップス、ジーメンス、シェル、ティッセン等の幹部がいた。[155] フランス人としては、創設メンバーの中にはロジェ・フォルー（サンゴバン）、オリヴィエ・ルセール（ラファルジュ）、アントワーヌ・リブー（BSN、今日のダノン）がおり、さらに翌年、ジャン＝リュック・ラガルデールが参加する。ボルボの経営陣やブリュッセルの行政担当者たちによって練り上げられたこの団体の構成員リストに含まれるのは、政財界で尊重されるメディア上の著名人ばかりである。一九八三年に最初の二回のミーティングを行い、パリに事務局を置いた後に、この団体は統一市場の設置を唱えた。そして「欧州産業の未来のための基礎」を提示する覚書の作成を、エティエンヌ・ダヴィニョンに委ねた。ERT、各国政府、欧州委員会の間の緊密な協力が、こうして始まったのである。

共同市場強化のこれらの立役者——ブリュッセルを主要な活躍の場とする——に、ある別のアクターが付け加わる。一九八〇年代初め、大陸規模で威光を放ったこのアクターこそは、マーガレット・サッチャーのイギリスにほかならない。ヨーロッパにおける保守革命の主導者として、サッチャーのイギリスは共同体建設にとってのトラブルメイカー、従うべきモデル、引き立て役の三役を同時に演じたのである。一方では、イギリスは統合プロセスにブレーキをかけた。一九七九年から一九八四年の間、共同体予算へのイギリスの貢献問題により、加盟諸国の関係は大いに損なわれた。"I want my money back"〔私のお金を返してほしい〕――このようにマーガレット・サッチャーは、声高に叫んだのだった。他方では、サッチャリズムはヨーロッパを呑み込みつつあった自由主義的動きに手本を与え、その前衛となった。最初に呑み込まれたのは、一九八二年にヘルムート・コールが権力を獲得したドイツである。この新しい状況への同調を説得されるべく残されていたのは、もはやフランスだけだった。逆説的にも、この同調の作業は、権力に就いた左翼の仕事となる。

フランス左翼の自由主義的転回については、周知の伝説がある。この伝説によるなら、一九八一年五月、「ユートピア的」プログラムを掲げて権力の座にたどり着いたピエール・モーロワ内閣は、容赦なく「現実」に直面させられたのだという。破滅寸前にまで追い詰められた結果、一九八三年三月、それまで遂行されてきた「社会的振興（relance sociale）」政策とは反対の緊縮政策が課されたというのである。しかし、より近くから検討するなら、フランス左翼の無邪気さというこの主張は無効であることが分かる。一九八一年に実施される諸改革の土台をなしていた一連の綱領的文書を読めば了解される通り、経済的相互依存と統合欧州の枠組みが社会主義的政策の実施計画に種々の制約を課すという事実を、社会党の人々は知らなかったわけではない。フランス共産党と急進主義者たち〔現在の左派急進党〕が連署した『共同綱領』においては、政府が欧州共同体に関連して目指すべき目標は二重のものとなることが指摘されている。一方では、「EEC建設に、またその諸機関および共通諸政策に参加すること」の必要性が説かれる。ただし参加の目的は、「大資本の支配からEECを解放してその諸機関の民主化を促進し、労働者の要求を支持しつつ、EECが彼らの利益に適った成果を積み上げていくように方向づけていくこと」であるという。そして他方では、「〈共同市場〉の内部において、自らの政治的・経済的・社会的プログラム実現のための行動の自由を保持すること[156]」が目指されるのである。後者のような目標が掲げられるのは、社会主義的政策と欧州の諸規則との両立可能性が疑問視されていたからにほかならない。通貨問題に関しては、『社会主義プロジェクト』[一三五]によるなら、社会党には「現行の欧州通貨制度を、すなわちより弱い他の通貨をドイツ・マルクに連動させることを、支持する」意志はなかった。経済的開放に関しては、同文書では「貿易の自由はドグマではない」と断定されている。反対に力説されるのは「国内市場の再征服」であり、また「必要な種々の措置を通し、需要の回復を国内生産によって満たして」、国外要因からの拘束のために断絶戦略が頓挫してしまうのを避けることであった[157]。

このプログラムはしかしながら、一定の曖昧さを含んでいる。社会党の人々は、フランスにおける左翼政府の実現が全ヨーロッパの世論に引き起こしかねない動揺を考慮して、欧州のパートナー諸国をなだめようと望んでいた[158]。「孤立しないこと」――この表現がライトモティーフとして繰り返された。それゆえ、早くも一九八一年六月に、財務大臣ジャック・ドロールは各国財相に対し、景気浮揚策を協調しながら行っていこうと提案したのである。彼は本当に、両腕を広げて歓迎されるものと期待していたのだろうか？　英独の首相マーガレット・サッチャーとヘルムート・シュミットは、提案に対しきわめて敵対的な態度を示した。イギリスでは新自由主義のハンマーが猛威を振るっていたし、ドイツでは緊縮財政の時代が始まっていたのだから、当然である。

権力獲得直後に、ミッテラン大統領はフラン切り下げを拒否した。フランが攻撃にさらされている中、彼は欧州通貨制度（ＥＭＳ）からの急激な離脱という考えを退けた。国際的な経済情勢の悪化は、フランス経済の構造的な弱点のいくつかと相まって、政府の景気浮揚政策を困難にした。経済指標は赤くなった。対外収支が悪化し、予算赤字が深刻になり、インフレが急激に進んだのである。経済学上の「正統派」が日増しに支配的イデオロギーの特徴を帯びていく時代にあって――高級官僚の世界でもそうだったのだ――、このような政府が「金融市場の信頼」を得ることはなかった。[159]最初の平価切下げは一九八一年一〇月に行われる。第二の平価切下げが数カ月後の一九八二年七月に続く。この時期以降、反インフレ政策が優先事項になり、支出は抑制されて、物価と賃金は凍結する。一九八三年に、フランソワ・ミッテランは打ち明けている。「私は二つの野心の間で引き裂かれている――欧州建設の野心と社会的公正の野心という、二つの野心の間で[160]」。問題の二者択一的状況が、これほどはっきりと断定的に表明されるのはまれなことだった。一九八三年三月、共和国大統領は決断を下す。彼は「ヨーロッパの連帯」を優先し、一部の顧問役と政府要人が強く勧めていた「もうひとつの政治」という選択を退けたのである。

　フランソワ・ミッテランはこうして、より「理に適った」政治を、すなわち正統派の〔経済〕政策を熱心に擁護する、彼の財務大臣の立場にくみした。実際、そのような政策こそはジャック・ドロールの真の偏愛の対象であった。早くも一九八一年十一月に、彼は一連の社会改革実施の「休止」を、すでに公式に要求していたほどなのである！「政府がすることすべてに反対していたというわけではありませんが、損害を最小限に食い止めようとしたのです」、彼はこのように回顧している。[161] ピエール・モーロワを説得し、一八〇度の方向転換の必要性を最終的にフランソワ・ミッテランに納得させたのは、穏健なカトリックにしてジャック・シャバン＝デルマス首相の内閣〔元レジスタンス活動家を首班とする右派内閣〕に務めたこのドロールなのである。彼はこのようにして、「第二の左」[三六]の使者の称号を得た。彼のみならず、ミシェル・カンドゥシュ国庫局長や大統領の「特別顧問」であるジャック・アタリもまた、同様の経済政策を主張していた。

　そんなわけで、社会的公正よ、さらば。一九八三年三月二十三日に行われたテレビ演説で、フランソワ・ミッテランは「フランスを欧州共同体から孤立」させたくはないのだと宣言する。ヨーロッパの名の下に実現された「厳格さへの転換」は、決定的なものであった。代替ユートピアなのか正当化の手段なのか、ヨーロッパの大義はミッテランの大統領任期の中心軸となる。「強いフラン」を掲げての緊縮政策は──それが不平等と失業に及ぼす効果は破滅的なものとなるのだが──、「ヨーロッパをつくる」ための代価とみなされたのである。国家の役割についての伝統的な見解は、「市場の法」の優位を前に信用を失っていった。こうして、自由主義の突風への防壁もなしに社会主義が放棄されることによって、「一九八〇年代の悪夢」(162)への水門が開かれたのである。市場を乗り越えがたいものと、諸国家を乗り越えられたものと、不平等を避けがたいものと考えるこうしたイデオロギー的雰囲気こそが、この十年間の信条になる。だが、この信条は誰にもまして、単一市場と単一通貨の偉大なる建設者、すなわちジャック・ドロールの信条であった。

マーストリヒトへ！

ジャック・ドロールは当初、フランソワ・ミッテランの引き立てによって欧州委員会委員長に抜擢された。一九八五年一月のことだ。彼はその地位に十年間とどまった。マーガレット・サッチャーもこの選択に反対しなかった。「ミッテラン大統領の政府の左翼的社会主義政策を停止させたという功績を得ている[163]」ことを知って、彼女はドロールについてむしろ肯定的な意見を持っていた。いったい彼がどんな危険を体現しえただろう？　欧州委員会の要職にある者で、「社会主義者」は彼のほかにはいなかったし、筋肉質の自由主義は当時、著名な支持者を日々に獲得しつつあった。一九八五年から一九八九年にかけては、格別な戦略的価値を持つ二つのポストが、実にうってつけの人物の手中にあった。競争担当委員はアイルランドのピーター・サザランドであり、域内市場担当委員はアーサー・コックフィールド、〈鉄の女〉の元大臣である。域内市場こそは英国経済の未来にとって第一級の重要性を持つものだとの考えから、イギリスはこのポストが彼に与えられるようにと要求したのだった[164]。サッチャーの見事に彫琢された散文の中では、狙いは以下のように言い表されている――単一市場の創出に対して期待されていたのは、「この市場がローマ条約に具体的な実質を与え、そしてこの条約に元来備わっている自由主義的、自由貿易主義的で規制緩和的な方向性を、新たに強化することである」[165]。

驚くべきことだが、このような見通しはジャック・ドロールにとっても、エティエンヌ・ダヴィニョンとフランソワ＝グザヴィエ・オルトリを始めとする彼の友人や助言者にとっても、気に入らないものではなかった。就任に先立って各国の首都を訪問して回りながら、未来の欧州委員会委員長は、域内市場統合というこの構想に関しては各国が意見を同じくしていることを確認した。共通防衛や通貨同盟、欧州諸機関の制度改革の構想に関しては見解の相違があったのと対照的である。ありうべき社会的ヨーロッパの構想について見解の相違があったのは、言うまでもない。「私としては、現実的で時代の空気にも適った目標で妥協しなければなりませんでした。当時話題に上っていたのは、規制緩和、競争に対するあらゆる障害の除去、そして市場の働きといったものでしかなかったのですから」、ジャック・ドロールは後になって弁明している[166]。

ドロール登場に先立ち、舞台装置はすでに整えられていたという事実も指摘しておこう。かねてより欧州実業界の人々は、外国との競争や日米企業の技術発展について、非常な不安を抱いていた。それゆえ彼らは、ヨーロッパ経済の競争力を高め、日米の経済と競い合うことを可能にするような改革を要求していたのである。[167] ドロールの委員長就任の数年前からすでに、産業担当委員カール＝ハインツ・ナルエスに率いられた欧州委員会職員たちは、非関税障壁と闘い、サービスや運輸交通といった領域の規制緩和を推進するための、完璧きわまりないプランの練り上げに従事していた。[168] 一九八三年末には、フランス政府は率先して「産業振興」の提案を行い、欧州産業人円卓会議の望みを大いに反映した一連の措置を提示していた。しかもこの円卓会議の大物たちは、フランソワ・ミッテランとジャック・アタリと幾度も私的な談話の機会を持って、自分たちの視点を伝えることさえできたのである。[169]

ジャック・ドロールを単一市場の理念の考案者とみなすことはできない。しかし彼はすみやかにこの理念の弁護人に、また有能な現場監督に姿を変える。単一市場の計画は、一九八五年一月十一日に早くも重要な推進力を受け取った。フィリップスの社長であり、ERT〔欧州産業人円卓会議〕の主要メンバーでもあるヴィッセ・デッカーが、要人たちを前にして、「ヨーロッパ一九九〇」なるプランを説明して見せたのである。彼は統一欧州市場実現の意義を詳細に並べ立て、そのための作業日程を提案した。三日後、ジャック・ドロールは欧州委員会における就任演説の中で、委員会は完全に統一された域内市場の実現を望んでいると告げた。三月初め、彼は一九九二年を期限とすると公表する。この選択は、一九九二年がドロール委員会の第二期満了の年に当たるという理由によるものであった。彼はＥＲＴからの新たな支援を受ける。ＥＲＴは全加盟国の首脳に、ヨーロッパ経済の現状についての重要な文書を送付したのである。『尺度を変える』（*Changing Scales*）というのがその表題だ。こうして、欧州委員会委員長ドロールと強力な圧力団体ＥＲＴの間には、公私を問わない定期的な交流が確立することとなった。

一九八五年六月、ミラノで欧州理事会が開催されたとき、各国の首脳部はすでに、有名な『域内市場完成に関する白書』――サッチャー主義者の欧州委員アーサー・コックフィールドの苦心作であるが――を温かく迎え入れるだけの準備ができていた[170]。白書の診断は明快である。ローマ条約において定式化された大いなる自由（財・サービス・生産要素の〈移動の〉自由）は、いまだ完全には実現されていないというのだ。共同市場は関税と数量制限の撤廃をもたらしはしたが、非関税障壁（技術上・衛生上の諸規範、あらゆる種類の規制、等々）は景気後退とともに急増してしまった。報告書の説くところでは、「実際、加盟各国は自己の直接的な利益であると信じるものを、それも第三国からのみならず共同体のパートナー諸国からも、守ろうと努力してきた。こうして次第に、加盟各国は国内市場と国内産業を守るべく、存続不可能な諸企業の援助と維持のために公的資金を用いるようになってしまった。」このような保護は受け入れられないとの宣告が下される。反対に、共同体が「なおいっそうの進歩と繁栄と雇用」を実現しうるのは、経済統合の追求によってにほかならないと主張されるのである。

こうして欧州委員会のこの報告書は、財と人のみならずサービスと資本の移動を妨げる物理的・税制的・技術的境界線の完全な消去を狙った三〇〇近い措置を提案する。報告書は「調和（harmonisation）」の語を用いつつも、相互承認の原則を組み込んだ新しいアプローチを制度化する。単一市場の諸原理を提出し、その実現の指針となるプログラムを提示するだけでは満足せず、この報告書は八年がかりのスケジュールを定めることとさえしている。

規制緩和への道筋を示すこの見事な文書は、加盟各国からの同意を受けた。フランス政府は単一市場のパースペクティヴに、「欧州社会空間」[三七]のパースペクティヴを付け加えることを願う。しかしイギリスはそれには断固として反対する。しかも一九八五年十二月初め、ルクセンブルクでの欧州理事会の会合が近付くと、ＥＲＴは加盟諸国に対し、ぐずぐずしないようにと圧力をかけた――「たんにヨーロッパの政治指導者たちの信頼性がかかっているだけではない。欧州産業界はローマ条約の主だった目的が今から五年後には達成されているだろうという見通しを示す、明確なサインを必要としているのだ[171]」。単一欧州議定書は一九八六年二月に調印されて――翌年には施行されることとなった。

この条約はアーサー・コックフィールドの『白書』の主要な提案を取り入れている。欧州委員会は単一市場の実現に関するほとんどすべての事柄について、閣僚理事会〔欧州連合理事会〕における特定多数決[三八]の拡張を獲得した。閣僚理事会の権力のこのような著しい増大は、一九六六年にフランスの力で獲得された「ルクセンブルクの妥協」を深刻な危機にさらす。この妥協は、加盟各国に対し、自らの死活の利益がかかっていると判断される場合には過半数による可決を阻止することを可能にするものだったのであるが。欧州議会との「協力手続き」が制定された。この手続きは後に、「共同決定手続き」へと発展することになる。(三九) ただし、欧州議会に法案発議権が与えられることは決してないのである。

単一議定書の条文では、「経済的・社会的結束政策」の誕生が祝福されている。しかし、社会的側面に関して言うなら、前進は貧弱どころではない。そこでなされた譲歩といってはせいぜい、労働者の安全・衛生に関する各国諸制度の調和と改善を目的とする指令を、特定多数決で議決する可能性が開かれたこと、また欧州委員会に対し、「社会的対話《ソーシャル・ダイアローグ》」や様々な職業協定を促進する役割が認められたことくらいのものである。イギリスの要求を満足させるために、各国税制間の調和、人の自由な移動、労働者の権利と利益といった領域においては、全会一致が必要とされ続けた。新条約の哲学においては、社会的次元はやむなく付き合わねばならない姻戚の役回りを演じているのである。

気付かれることなく終わったとまでは言えないにしても、単一議定書の採択は、ジャーナリストたちの過度の関心をかき立てることはなかった。例えば、一九八二年十二月七日付の『エコノミスト』の評するところでは、共同体は大騒ぎをした挙句に一匹のネズミを生んだにすぎない――記事のタイトルは「ヨーロッパの微笑むネズミ（“Europe's smiling mouse")」である。しかし、このネズミが浮かべている微笑みは、獰猛きわまりない。ある抜け目ない観察者の指摘によれば、「まったく巧妙なのは、提示の仕方である。大がかりな建設もイデオロギー的理論化もなく、たんにひとつまたひとつと必然的な順序もないままに講じていくべき、様々な措置の追加があるばかりなのだ。」ただし、「ブリュッセルは明言を怠ったけれど――そして各国政府は説明を怠ったけれど――、全体は部分の総和よりも無限に高次なのであって、最終的結果としてもたらされるのは、共同体の――ひいては加盟各国の――政策の、新自由主義的論理への完全な転換にほかならないのである」[172]。とりわけ、資本移動の自由化を受け入れることにより、各国政府は「財界人のために財界人によって構想されたヨーロッパという、いまや不可避のものとなった歯車装置に、たんに指のみならずその先までも」突っ込んでしまった。というのも、各国税制の調和を事前に実現することなしに資本を自由に移動させるならば、この税制の調和という作業を、事実を通して遂行する役目は、金融市場に委ねられることになるのだから。また、加盟国間の税制競争が始まってしまったため、各国の予算上の遣り繰りの余地が著しく減少するのみならず、再分配と社会保護のシステムが脅かされることにもなった。社会的調和と税制的調和の不在について質問されても、ジャック・ドロールは以下のように反論するだけだ――「経済的ヨーロッパの前進は、不均衡のリスクを受け入れることによってしか達成できません。」単一議定書は「お気に入りの条約です」、これもまた、同じドロールの発言である。(173)

つまるところ、ジャック・ドロールとマーガレット・サッチャーの間のイデオロギー的相違――「二つのヨーロッパ観」の対立と称されるもの――を強調する人々の執拗さは、むしろ微笑みを誘うものだと言うべきである。たしかに、マーガレット・サッチャーは単一議定書それ自体を目的とみなしており――ただ巨大市場のみを、しかし巨大市場のすべてを！――、ジャック・ドロールはそれをより緊密な連合への一段階とみなしている。しかし、彼らの視点はそれほどに異なったものだろうか？　一九八六年、社会党の同志たちに向けて、ジャック・ドロールは「マギー」であってもきっと否定しないような言葉を発している――「私がつねに考えてきたのは、フランスには市場が十分にはないということ、また国家が歴史的経緯からしていたるところに介入し、実にしばしば抑圧的ないしは高圧的であるということだった。大多数のフランス人は、今なお世界に対しての開放的心構えを獲得できていない。しかしそれなしでは、競争力のある経済を築き上げることはできないのだ[174]」。「競争力のある経済」の構築に与えられた優先権のはるか後方に置き去りにされて、「欧州社会空間」は馬車の五つ目の車輪〔余計なもの〕にとどまるよう、命じられているものと見える。

そういうわけで、たしかに歌詞を書いたのはサッチャー主義者のアーサー・コックフィールドだけれども、ジャック・ドロールこそはその最良の歌い手となったのである。不和が訪れるのは後になって、ドロールがあまりにも大胆に振る舞い始めたときのことにすぎない。「十年後には経済立法の、いやおそらく租税立法と社会立法でさえもの八〇%が、共同体に由来するようになるだろう」、一九八八年夏、欧州委員会委員長は欧州議会で宣言する。一九八八年九月二十二日の有名なブルージュ演説において、マーガレット・サッチャーは、希望を抱くだけ無駄であることをドロールにはっきりと思い知らせる――「私たちがイギリスで、国の境界を押しのけることをやってのけたのは、それが欧州レベルで、ブリュッセル発の新たな支配力を行使する超国家によってふたたび押し付けられるのを見るためにではないのです」。そうは言っても、この「超国家」が精力を傾けているのはとりわけ、より自由主義的な社会の産出にほかならないのであるが……。そして「マギー」はもちろん、欧州統合の実際がそのようなものであり続けることを望む。それゆえイギリスは断固として各国税制間の調和を妨害し、一九八〇年代末に欧州委員会が提案した「社会憲章」（四〇）が、漠たる切望以上のものをほとんど含んでいないものかどうか検証に努めたのである。

【コラム】要塞ヨーロッパの危険？

改めて指摘するまでもないだろうが、単一市場を構築するからといって、この市場を世界レベルの広大な自由貿易地域のうちに溺れさせることが必然的に見込まれていたのではまったくなかった。一九八〇年代半ばには、反対のことを考えるほうが理に適っているとさえ思われていた。「我々が単一市場の構築を推し進めているのは、飢え渇いた外国人たちの手にそれを委ねるためにではないのだ」、ヴィリー・ド・クレルク貿易担当委員はまくしたてたものだ。[175]『ニューヨーク・タイムズ』が「要塞ヨーロッパに対する不安の高まり」(一九八八年一〇月二十三日)に言及していた時代であった。アメリカ政府は、保護された巨大市場がアメリカの貿易と産業の利益を損ねるのではないかという見通しに、恐れおののいていた。しかし、一九八八年十二月にはすでに、ロードス島で開催された欧州理事会は安心させるような態度を見せる。「域内市場が閉鎖的になることはないだろう。一九九二年のヨーロッパは『要塞ヨーロッパ』ではなく、よき貿易相手《パートナー》になっていることだろう。域内市場は国際貿易のなおいっそうの自由化に寄与する決定的な一要因となるだろう」。この主張が、事実によって裏切られることはないはずだ。貿易担当欧州委員たちの自由貿易支持の信条と、特定多数決の投票メカニズム——最も自由主義的な諸国に対し、事実上の拒否権を保証するものとなっている——、この二つだけでもう、加盟諸国のレベルで廃止された保護貿易的諸措置の、欧州レベルでの再出現を妨げるには十分であろう。「競争のなされるところ、すべてはうまくいく……」、欧州建設の責任者たちは声をそろえてささやいている[四一]。

欧州委員会の気がかりの種は、仮想上の「社会的ヨーロッパ」を発展させていくことであるよりも、欧州統合を推し進めて経済・通貨同盟〔EMU〕の実現を達成することのほうであった。「EMUは、ほかの何にもましてドロールの子どもだった」、彼の伝記作者の一人は指摘している[176]。フランソワ・ミッテランの支持を得て、彼はあらかじめ、「通貨に関する権能」を共同体に授ける短い章を単一議定書中に挿入することに成功していた。歯止め効果[四二]は完璧に機能した。単一市場の完成と資本移動の自由は、通貨同盟を「不可欠なもの」にしないだろうか？　ともかくそれが、欧州委員会がイタリア銀行高官の経済学者トマーゾ・パドア＝スキオッパに作成させた、「一九九二年の目標」の経済的諸結果に関する報告書の結論である。そこで下された断定には、反論の余地もなさそうだ――「根本的に言って、資本の移動性と為替レートの固定は、各国の自律的な通貨政策を許容しない」[177]。このような議論は、経済学者ロバート・マンデルが述べた「不可能な三角形」[四三]の復活である。資本の自由移動は、固定為替レートと結び付けられるなら、各国通貨政策間の接近を要請する。こうなると、変動為替制に立ち戻るのでない限り、為替取引を共通通貨によって決定的に結び付けることだけが解決となる。欧州委員会は各国政府を通貨同盟へと導くために、この定理を利用した。この戦略において、委員会は際立った巧みさを示した。資本移動の自由化とEMSの強化を推し進める一方で、委員会は各国に対し、各国の通貨主権は、それがいったん停止され、ついで欧州レベルに移譲されるなら、いっそうたしかに保持されるだろうとの説得に努めたのである[178]。

欧州委員会だけが通貨同盟を擁護したのではない。他の様々なアクターもこの方向に向かった。一九八六年十二月、EMSの創設者たるヴァレリー・ジスカール・デスタンとヘルムート・シュミットは欧州通貨同盟委員会（CUME）を発足させたが、その任務は、「通貨的欧州への歩みが帰結として生じさせる主権上の犠牲を受け入れるよう、各国の政治権力および通貨権力を説得すること[179]」であった。ベルギーのソシエテ・ジェネラルに入社すべく欧州委員会を離れたエティエンヌ・ダヴィニョンは、民間部門によるECU《エキュ》〔欧州通貨単位、ユーロの前身〕の利用に関する研究を委ねられた。研究の結論は、その発展を促すことは時宜に適っているというものであった。ダヴィニョンによれば、ＥＣＵの使用は通貨関連経費の削減によって、企業の利益を顕著に増加させるというのである[180]。

こうして一九八七年三月、欧州通貨同盟協会（ＡＭＵＥ）の発足が決定された。欧州各国の政策責任者と経済決定者に対し、欧州通貨同盟委員会の考えを説き広めるための組織である。この協会は四つの目標を定めた。ＥＭＳを強化すること、ＥＣＵの利用を発展させること、資本の完全な自由化を促進すること、そして中央銀行の創設の四つである。委員長はコルネリス・ファン・デア・クリュフト（フィリップス）、副委員長はジョヴァンニ・アグネッリ（フィアット）――両企業ともに、ＥＲＴの主要メンバーだ。ついで創設者たちのサークルは、ＥＣ十二カ国の有力な社長たちの参加を募った――フランスでは、トタル、アクサ、ＢＮＰ、サンゴバン、クレディ・リヨネやロレアルを含む十九のグループが、この組織の隊列に加わった。アグネッリは完璧に、彼らの戦いの理由を要約している――「共通通貨は一個の象徴であると同時に、現在は複数の異なった法的・税制的状況のもとにある一市場が、必然的に統合へと向かうものであることを保証する手段でもあるのだ。［……］巨大な域内市場の存在が意味するのは、産業界が資本の自由へのいかなる障害にも煩わされることなしに、全ヨーロッパに投資できなければならないということである」。そして彼は最後に、単一通貨は国際舞台において「ヨーロッパに信頼性と権威を与えるために」欠かせないものであると主張している(181)。

こうした議論はフランスの政策責任者たちを惹きつけた。例えばエドゥアール・バラデュールは、経済・財政・民営化大臣在職当時(一九八六〜一九八八)、このテーマについての覚書を提出している。フランソワ・ミッテランはといえば、彼はヘルムート・コールを説き伏せてこの道に引き込むことに成功した。すなわち、マルクを断念させたのである。その見返りは? 当然ながら、フランスが資本の完全な移動性を受け入れることであった。「我々はドイツの抵抗を和らげる必要がありました。その代価は、資本移動の自由化だったのです」、欧州委員会におけるジャック・ドロールの右腕、パスカル・ラミーは認める。ハンス・ティートマイヤーの談話も、そのことを裏付けている――「一九八八年夏に、我々は欧州委員会とヨーロッパ諸国にはっきりと伝えたのです、内外での資本の完全な移動性なしでは、ドイツが通貨同盟を受け入れることはないと(182)。」それはまた、おそらく、フランスが自らの「統制経済へのノスタルジー」に決定的に片を付け、インフレ政策を放棄済みだったことを確認するための一手段でもあったのだろう[183]。六月末、ハノーファーで開かれた欧州理事会は、一九九〇年七月一日からの開始を見込まれた、資本移動の完全な自由化についての指令を承認する。同時に、欧州理事会は欧州委員会に対し、ジャック・ドロールの率いる小委員会を通してＥＭＵの問題を検討するように求めた。

この小委員会は各国中央銀行の総裁のほか、幾人かの専門家を招集したが、関連する大臣たちは排除された。この会には、欧州共同体の未来の通貨政策を決定するための一種の白紙委任状が与えられた――これはまさに、言ってみれば、雇用者側に労働法典作成の自由を委ねるに等しい措置であろう。小委員会の目標はとりわけ、ドイツ連邦銀行《ブンデスバンク》総裁カール・オットー・ペールの信用を勝ち取ることであった。上品な享楽家でゴルフ愛好者、しかし財政が問題となるときには根っからの保守主義をあらわにする人物である。それにしても、どうすればドイツがマルクを放棄してくれるというのか、そしてどうすればブンデスバンクが、自らが欧州通貨政策に及ぼしている強い影響力を放棄してくれるというのか？　ドロール小委員会の回答は、いたって単純なものであった。ＥＭＵが「ブバ」の提示する条件に沿って形成されればよいのだ。あらゆる政治的影響から保護されて、未来の欧州中央銀行は物価安定の監視を自らの任務とするだろう。ドイツ以外の国々の中央銀行総裁も、同じ観点を共有していた。ミッテランの説得に努めたフランスのジャック・ド・ラロジエール〔フランス銀行総裁（一九八七～一九九三）〕もその一人である。[184] ペールを見事に懐柔してしまうと、ドロール小委員会は共通通貨の採用に至るための三段階からなるプランを打ち立てた。

幾多の交渉が続いた。いったんは同意したものの、プロセスの進展につれ、ドイツ首相コールはためらいを見せる。彼が最終的に譲歩したのは、ドイツ再統一をパートナー諸国に受け入れさせる手段としてであった。マーガレット・サッチャーだけが単一通貨の原則を拒絶した――しかしイギリスは、ＥＭＳには参加しているのである。新条約は一九九一年十二月に採択される。フランソワ・ミッテランによれば、「ローマ条約以来の最も重要な決議」である〔アンテンヌ２〔かつての仏公共テレビ局〕、一九九一年十二月十一日〕。一九九二年二月にマーストリヒトで調印された欧州連合条約〔マーストリヒト条約の正式名称〕は、政治の面では顕著な革新を含んでいる〔欧州委員会と欧州議会の役割強化、「ヨーロッパ市民権」の導入、等々〕。しかしその心臓は断固として、経済界のために鼓動しているのである。

ユーロの代償

単一の通貨が、それ自体単一の市場を流通し始める。そんな単一通貨の喜びを味わえるようになるには、新米の「ヨーロッパ市民」はまず、いくつかの犠牲を受け入れなければならなかった。犠牲のメニューに載っているのは、失業と景気後退だ。ここでもまた、新条約が「社会的ヨーロッパ」を軌道に乗せるべきところだった。しかし、ジャック・ドロールが後になって告白しているところでは、「マーストリヒト条約の準備中に、私は雇用に関する一、二の収斂基準を加えることを主張していました。ところがこの提案は拒否されてしまったのです。[185]」加盟諸国は、この種の配慮を非常に取るに足らないものとみなしたのであろう。条約の一〇四C条と一〇九J条および二つの附帯議定書で設けられた有名な「収斂基準」は、優先事項は別のものであったことを明らかにしている——すなわち公的赤字と公的債務の抑制、為替レートの安定、インフレの抑制、金利の収斂である。

「過度な」公的赤字を避ける必要から、加盟各国は赤字が年間GDPの三%を超えないように、また公的債務がGDPの六〇%を超えないようにと義務付けられた。これらの量的目標にはいかなる経済的根拠もない。[四四] 少々のニュアンスを除けば、それらは条約締結時の主要国の状況を反映しているにすぎないのである。しかし、こうした目標設定は同時に、公権力の活動についての自由主義的な理解を表現している。国家は、予算均衡の原則を尊重し、債務支払い能力を保ち、投資家や市場に信用される存在となるように促されるのである。予算基準を尊重しない場合、条約はあらゆる段階に渡る制裁を用意している。非公式の勧告から始まる制裁は、事と次第によっては公開の告発に移行し、悪い生徒がそれでもなお列に戻らないならば、より強権的な措置が待っている――「欧州投資銀行に当該加盟国に対する貸付政策を見直すよう促すこと、過剰な赤字が是正されたと理事会に判断されるまで、適切な額の無利子の預託金を共同体に預けるよう、当該加盟国に要求すること、そして適切な額の罰金を課すこと」といった措置である。こうして、各国は欧州委員会と金融市場の監視下に置かれつつ、一家の父として予算管理に努めることになる。

　金融市場に対する細心の気遣いから、マーストリヒト条約においては厳格な貨幣量抑制政策の尊重が強調される。第一に、あらゆる平価切下げは禁止され、単一通貨参加の候補国は審査に先立つほぼ二年間、欧州通貨制度特有の諸規則に違反してはならないものとされる。第二に、条約は最良の生徒たち〔インフレ率の最低三カ国〕をインフレに関する模範とし、それら諸国のインフレ率の平均値を一・五％以上上回らないことを求めている。市場は穏やかに眠ることができるというものだ。実際、オルド自由主義に忠実なドイツ連邦銀行が元来放漫な貨幣供給を忌み嫌っていたのに加え、フランスのほうでも、マネタリズムに転向した高級経済官僚に指導されて、一九九〇年代初めのこの時期ほど厳格な通貨政策を実施したためしはなかった(186)。第三に、加盟諸国は相互の金利を同調させるか、少なくとも、最優良諸国〔インフレ率の最低三カ国〕の長期金利平均を二％以上超過してはならない。たとえこれら最優良諸国が、最も高利子の国だったとしてもである！(四五)

マーストリヒト条約の推進者は大いに脅した。拒否しようものなら、天なる神がガリア人の村に襲いかかるだろう、と。そして彼らは同時に、大いに約束した。「単一通貨、それはより少ない失業とより多くの繁栄だ」（ミシェル・ロカール）。また、「より多くの雇用とより多くの社会保護、そしてより少ない排除だ」（マルティィーヌ・オブリ）。さらには、

「みんなもっとたくさん笑うようになる」（ベルナール・クシュネール）とさえ。[187]だが、この条約が各国に対し自由主義的方向性を押し付け、単一通貨への道を選択させたことによって投資が抑制されてしまい、賃金や雇用はきわめて深刻な影響を被ったのである。厳密に言うなら、こうした自由主義的方向性の強制が、一九九〇年代初めの経済不況を生み出したわけではない。ドイツ統一が、欧州通貨制度加盟国間の協力不足のため、すでに深い衝撃を引き起こしていたのだから。しかし、収斂基準はこの危機的状況を永続させることに貢献したのである。厳格に定められた上記の諸基準は達成困難なものであっただけに、ヨーロッパ諸国民の払う犠牲はいっそう重くなった。だが少なくともこうして、欧州諸国がもはや軽率な出費に身を投じることがなくなったことについては、確信が抱かれるようになった。各国の活動の余地はあら皮のように縮んでいく。[四六]

マーストリヒト条約への同意は、各国の民主的主権の放棄のみを意味していたのではない。ヨーロッパは、福祉国家に対する報復の時を告げていたのだ。CNPF（のちのMEDEF《メデフ》）のある経済学者は、次のようにまったく心からの支持を表明している。「一九六八年以降のグルネル合意[四七]の記憶、そして一九八一年から一九八三年にかけて実施された破滅的な政策の記憶が、企業主たちの心のうちには残っている。彼らにとって、マーストリヒトこそは決定的に、このような放埒への扉を閉ざすものなのだ。それは左翼的放漫を禁止し、欧州中央銀行と欧州理事会に責任をもって緊縮政策を実行させるのだから。[188]」言い換えるなら、自由主義の聖歌隊員たるアラン・マドゥランが述べるように、「マーストリヒト条約はまじりけなしの過酷な社会主義的経験への回帰に対する、一種の生命保険として機能している[189]」。

多元的左派政権[四八]（一九九七～二〇〇二年）も、この条約を非難することはなかった。実際、マーストリヒト条約の収斂基準は、「安定協定」とともに第二の春を迎えたのである。この協定の発意は、ヘルムート・コールの大蔵大臣たるテオ・ヴァイゲルによるものだ。彼が条文の最初の草案を提案したのは、一九九五年十一月のことである。金融界の面々――とりわけ、厳格きわまりないドイツ中央銀行総裁ハンス・ティートマイヤー――とまったく同様に、ヴァイゲルは全加盟国を統合する単一通貨が、マルクよりも弱いものになりはしないかと危惧していた。ドイツはそれゆえ、この通貨採用のための条件として、予算上の厳格さに関する確固たる約束を求めた。ドイツはまた、欧州の予算政策があらゆる点に

おいて新自由主義の諸規範を尊重するようにさえ求めた。より少ない公的支出、より少ない税というわけである。(190)

仏独カップル間のいくつかの軋轢にもかかわらず、一九九六年十二月十三〜十四日にダブリンで開かれた欧州首脳会議《サミット》〔＝欧州理事会〕は、安定協定の原則を採択した。財政赤字が〔対GDP比〕三％——これが唯一採用された指標であるが——を超えた場合、安定協定は当該国が遭遇した経済的困難に見合った制裁措置を用意している。困難に見合った、とは言うものの、ドイツの勧告に従って加盟諸国が下した決定は実に荒っぽい。いかなる制裁も実施されないためには、景気後退が二％以上でなければならないのだ！　〇・七五％以下のマイナス成長であれば、マーストリヒト条約で用意されていた様々な措置が適用される。これら二つの限界の間で裁断を下すのは理事会〔経済・財務相理事会《エコフィン》〕である。テオ・ヴァイゲルは首脳会議閉幕に際し、「ユーロはドイツ・マルク並みに強くなるだろう」と宣言した。(191)リオネル・ジョスパン首相はといえば、選挙戦の間、この協定の再交渉を約束していた。だが彼が獲得したのは、安定協定の「安定・成長協定」（SGP）への改名にすぎない。(四九)緊縮予算のこのような制度化を埋め合わせるべく、フランスは「欧州経済政府」の設立を獲得しようと企てる。運がなかった。一九九七年六月にアムステルダムで開催された欧州理事会の決議は、それについて沈黙を守る。ジャック・ドロールは〔マーストリヒト条約準備に際し〕、「社会的なもの」を収斂基準として獲得するに至らなかった。リオネル・ジョスパンもまた、通貨のヨーロッパに政治的ヨーロッパを対峙させるという企てに関し、社会党の先人たち以上にうまくやることはできなかった。まったく、フランス社会党は意味のある前進を獲得することなしに、しばしば降参してしまうのである。

しかし、このような協定を受け入れるというのは、予算上の主権という考えをすべて捨て去ることに等しい。ベルギーの経済学者パウル・ド・フラウウェがはっきりと述べているように、「この協定は、政治的観点から考えるなら、加盟各国の民主的諸制度の安定性をヨーロッパ当局が信頼していないことの証しである。EU加盟国がそれを受け入れ、欧州諸機関からの、IMFでさえもバナナ共和国に課すことができなかったほどの監視に従うことを認めた事実には、いささか驚かされる」(『フィナンシャル・タイムズ』、二〇〇二年七月二五日)。各国に対して取られた措置は実際には決してそれほど極端なものにはならなかったし、協定は後に緩和されることにもなったが、それでも状況はほとんど変わりはしない。加盟国は予算領域において、もはや自由に振る舞うことはできないのだ。アイルランド、ドイツ、フランスあるいはポルトガルに対して行われた手続きは、その事実を思い出させてくれる[五〇]。

なにより、この協定が存在しているというたんにその事実だけでも、共同体の政策が反インフレの闘いと物価安定に対して抱いている強迫観念の証しとなっているのである。各国政策担当者の抗議も労働組合の抗議も、この強迫観念をどうすることもできない。二〇〇八年四月初め、「ユーロ・デモ」のためにスロヴェニアの首都リュブリャナに集まった数千の参加者は、賃金の上昇を要求した。同じその時、数キロ離れた場所で、欧州各国の財務大臣と各国中央銀行総裁の会合が、正確に反対の結論に達しようとしていた。賃金抑制政策は何としてでも擁護されるべきである、というのがその結論だ。「心遣いを示すときではない」、欧州中銀総裁のジャン＝クロード・トリシェはそのように述べた（『ル・モンド』、二〇〇八年四月十二日）。そしてユーログループ[五一]の議長、ルクセンブルクのジャン＝クロード・ユンケルはといえば、デモ参加者たちに対し、「インフレに対する闘いは、欧州労働組合連合のそれと同じ資格でひとつの社会的闘争である」(『レゼコー』、二〇〇八年四月七日)と反論したのだった。

欧州新経済秩序

単一通貨を誕生させることによって、またその実現に際して過酷な諸条件を課すことによって、欧州連合に関する一連の条約は、ヨーロッパにおける公権力の活動様式の再設定を行ってきた。各国は予算政策と通貨政策という両腕の切断を受け入れるのみならず、なおいっそう都合のよいことに、頭部を欠いたヨーロッパに満足した様子である。つまり、競争の健全な管理と自由貿易の促進以外の経済政策を持たない、そのようなヨーロッパに満足しているのである。マネタリズム、競争、そして自由貿易。一九九〇年代末には、ヨーロッパ主義者が自明の理としていたこの三つの柱を疑問視するなど、考えられないことであった。それゆえ、各国当局に対し、教義上の諸規則のいくつかの適用を――少なくとも暫定的に――停止するよう促すには、一九二九年の危機に匹敵する規模の危機が必要だったのである。

マネタリズムの番人を務めるのは、もちろんＥＣＢ〔欧州中央銀行〕である。欧州連合条約以来、その身分は変わることがなかった。ＥＣＢは実際、自分自身と加盟各国――ユーロ採用・不採用の別を問わず――の中央銀行（ＮＣＢ）から構成される、欧州中央銀行制度（ＥＳＣＢ）という集団の一部であり続けている。「独立性」、これがＥＣＢの言説の、またＥＣＢについての言説の、ライトモティーフである。事実の上では、ＥＣＢの指導者たちは、たしかに加盟諸国によって任命されてはいる。しかし彼らに課された主目的は、マーストリヒト条約一〇五条の表現によれば「物価の安定を維持すること」にとどまり、「共同体における経済政策全般への支持」は二次的なものとして言及されるだけである。この定式は、ドイツ連邦銀行《ブンデスバンク》を成立させた一九五七年のドイツの法律の定式に非常に近いものだ（この法律はそれ自体、ドイツ諸州銀行（Bank deutscher Länder）を創設した一九四八年の法に置き換わったものであるが）。

一九七〇年代初頭以降のブンデスバンクと同様、ＥＣＢが実践する政策はマネタリズムから着想を得ている。物価の安定は、貨幣集計量の監視を通して流通貨幣量を管理することで獲得されるというのである。[192] こうしてＥＣＢは、ドイツのオルド自由主義の遺産とフリードマン理論の遺産という、二重の遺産を結びつける。どちらも、社会秩序の安定は貨幣秩序の安定あってこそだという信念を前提としている。どちらも、社会的平穏の獲得を目指して緊縮財政から逸脱する素振りを見せようものなら、ただちに政府を脅威とみなす。そこから、政治権力と貨幣権力との結びつきを解体しようという意志が生まれるのである（解体の手段としては、両者の分離を法において基礎づける場合もあれば、通貨政策を反インフレの厳格な諸基準に従わせる場合もある）。この反インフレという点では、ＥＣＢの政策は異論の余地のない成功を収めた。ユーロ創出以来、インフレは管理下に置かれ続けている。そしてその代償として、経済成長と雇用はといえば、こちらは落ち込んだままである。

この銀行は目立たない。不可視の存在だと言ってもいい。共同体の経済政策の中心にあるにもかかわらず、この機関は内部で交わされる議論をほとんど公開しないし、そこでの決定はほとんどメディアに出ないか、仮に出たところで、通貨問題の専門家でもなければ解釈するのが難しい。[193] その一方、欧州中銀は自己の哲学については包み隠さず述べている。二代に渡る総裁――ヴィム・ダイゼンベルヒ（一九八八～二〇〇三）とジャン＝クロード・

トリシェ〔二〇〇三〜二〇一一。後任はイタリアのマリオ・ドラギ〕——の活動を通して、ECBは貨幣政策上の正統教義への厳格な信仰を誇示してきた。そのため、現総裁トリシェは、フランス人のエナルク〔ENA（国立行政学院）出身者〕であるというのに、「一九四九年の創設期からユーロ成立に至るまでブンデスバンクが体現してきた精神のみならず実践の、最も真正の代表者」として通っているほどなのだ（『レゼコー』、二〇〇三年九月一九日）！

大規模な経済・金融危機の状況下でもなお、EUは自らの根本原則に忠実である。自由ではあるが法的枠組みのもとに置かれた諸市場と、民間企業破綻の清算を引き受ける公共団体。七〇年近く前から、両者のカクテルは新自由主義の名を授かっている。EUはたしかにその遺産継承を永続化しているが、さらにそれを時代の好みに適応させてもいる。EUの諸政策の重要度の変遷を見れば、そのことは明らかだ。一九九二年から二〇〇〇年代初めにかけて何度も改革された結果、共通農業政策はもはや欧州統合の柱ではなくなっている。欧州委員会によると、共通農業政策は一九八五年には予算の七十一%を占めたが、二〇一三年には三十二%になるだろうとのことだ(194)。OECD、GATT、欧州委員会の三者が関わった一連のプロセスを経て、ヨーロッパの物価は世界の相場に合流した。農業従事者が市場に耳を傾けるようにと、援助と生産の連関は解体されてしまった[195]。農業問題担当の欧州委員たちももはや農業市場を特別扱いせず、他の市場と同等のものとして扱う意志を隠してはいない。二〇〇八年一〇月、マリアン・フィッシャー・ボエルは欧州自由民主改革党（ＥＬＤＲ）の大会に際し、いたって率直に以下のように打ち明けることができた。「私は今ここにいることを、自由主義者として誇らしく思います。〔……〕私は、自由主義者の欧州委員として、私が責任者を務めている農業政策がこの数年取ってきた路線を喜んでいます。今日の共通農業政策（ＣＡＰ）の現実は、過去のせいでそれにしばしば結び付けられてきた悪いイメージから、数光年も離れたところにあるのです。」そして彼女は、満足げに口をとがらせて付け加えた――「ＣＡＰは競争力と持続可能性に向かい、強力に方向づけられています[196]」。

共通農業政策の衰退と対照をなすのは、競争政策を始めとする、市場の調整・刺激政策の台頭である。一部の観察者が躊躇なく書くところによれば、ブリュッセルでは「本当の権力は欧州委員会委員長の座にあるというよりは、各総局に、とりわけ競争総局にある[197]」。

競争総局のこうした強大化には、欧州市場の統一が関係している。一九八〇年代半ばから一九九〇年代半ばにかけて、ピーター・サザランドとレオン・ブリタンは十分にそれを理解していた。競争担当委員になること、それはブリュッセルの諸機関の最も影響力のあるポストのひとつ、「ヨーロッパ社会モデル」のありうべき出現に対する闘いには最適のポストのひとつに就くことだったのである。[198] 彼らの指導の下に、競争総局はヨーロッパにおける自由化政策の前衛となった。国家の経済援助は敵視され、自由主義のドグマが支配した。一九八七年七月十五日のブサック――フランスの一大繊維グループの名前であるが――に関する決定の理由が、何よりの例証である。欧州委員会の説くところでは、「当該の会社への援助は、市場に現存の諸力が通常の帰結を生み出すことを、すなわち、競争力を欠いたこの企業を排除することを妨げてきた。国からの援助が、この企業の生命を人工的に維持してきたのだ。このような援助により、域内産業の適応困難はさらに悪化することとなった」[199]。国家の援助を受けた企業から国営企業へというのはたんなる一歩でしかなく、欧州委員たちはその一歩を直ちに乗り越えてしまう。委員たちの作業現場は、航空、郵便・通信、エネルギーと次々に現れる。欧州委員会のＤＧⅣ〔競争総局〕は次第に強力な立場を構築し、欧州各国や民間企業との対決を繰り広げていく。(200) きわめて強力になった欧州委員会は、介入する領域を合法的に増大させ、大企業間の合併計画を覆すことすらできるようになった。こうしたわけで、アメリカでは二〇〇一年に許可されたゼネラル・エレクトリックとハネウェルの企業集中は、ヨーロッパでは二〇〇二年に禁止されてしまった。この集中には「支配的地位の悪用」のリスクがあるというのが理由である。

【コラム】欧州委員会が密告を呼びかけるとき

権力の絶頂で、競争総局は主たる活動領域のひとつの根本的な改革を企てた。その活動領域とは、トラストに対する闘いである。一九九九年採択の『白書』(201)の延長線上で作成された規則一／二〇〇三において、〔競争制限的な契約の〕事前届出による許可制度は廃止された。代わって、相互に独立しつつもひとつのネットワーク内部で連携し合う諸機関が、反トラストの制度の中心に置かれることとなった。こうして欧州委員会は、かつて加盟諸国の責任を我がものとしつつ手に入れた主要な権限のひとつを、新自由主義の論理にまったく適った仕方で放棄したのである。並行して、委員会は大企業幹部の行動様式を変化させようと試みる。彼ら経済的人間《ホモ・エコノミクス》がよき合理的な行為者として振る舞い、自分たちが関わっている企業協調の存在を逮捕される前に告発したなら、彼らは寛大な処遇を受けるものとされた。一九九六年に設定され、二〇〇二年に再編されたこのシステムは、アメリカから輸入されたものなのだが、こうして飴（密告者に対する罰金の全部あるいは一部の免除）と鞭（密告された者が支払うべき額の増大）とを結び付けるのである。しかしかなりの金額の罰金（二〇〇七年のエレベーター事件において九億九二〇〇万ユーロ）にもかかわらず、寛大政策は限界に突き当たった。企業主たちは報復を恐れるため、密告はまれにしかなされなかったのだ。それでも、競争政策へのこのような取り組みは、競争に対するヨーロッパ的アプローチとアメリカ的アプローチとの間でなされた前代未聞の総合の、見事な証しとなってはいる。一方で、それは新古典派経済理論がEUの政策決定者たちに与えている影響の大きさを示してくれる。競争政策は、しばしば「ゲーム理論」の用語で理解されるが、[202] 実際囚人のジレンマのような状況に企業を陥れる。共犯者たちがどのような立場を選ぶのか知りえないままに、自白と黙秘の間で決断を下さなければならないという状況である。他方で、市場を実地に構築していく際のこうした方式は、統合欧州で現に作動している経済政策理念を示している。この方式は〈ある種の介入主義ではあるにしても〉、社会的使命を帯びた介入主義とはまったく異なったもので、その本質は法的枠組みを練り上げ、逸脱的行動を制裁にかけることにあるのだ。

このように、欧州委員会は立法者としても審判者としても位置づけうる存在である。ヨーロッパ行政の頂点に君臨する競争総局は、そこで支配者として振る舞っている。

二〇〇八年十一〜十二月に提案された一連の銀行システム救済プランを承諾するに際しては寛大なところを見せたこの競争総局は、同じ時期、ポーランドの造船所への国家援助に違法宣告を下すに際しては非妥協的な態度を貫いている。これこそは、実に奇妙な、競争委員ネリー・クルースのシンボルである。彼女は労組「連帯《ソリダルノシチ》」と反共闘争の揺籃の地のいくつかを清算しようとしているのだ〔グダニスク造船所への援助は最終的に認められた〕。そしてまた、些細なことにこだわる口やかましい官僚組織に一大市場の守護神を務めさせるとは、ＥＵのシステムとは何とも奇妙なシステムである。

　この組織された自由主義を、〈ヨーロッパ人〉たちは国際的に推進しようと努めてきた。「陰謀というわけではありません」、明確にしておこうという配慮から、ジャック・ドロールはこのように述べている。金融と貿易の自由化に関し、フランス人たち――欧州委員会のドロール自身、ＯＥＣＤのアンリ・シャヴランスキ、そしてＩＭＦのミシェル・カンドゥシュ――が果たしてきた本質的役割についての発言である。「近代化を推進する少数派である我々には、共通の原則があります。それを我々は、国際諸機関のポストに就いている際にも擁護し続けてきたということなのです。[203]」この共通の原則のもとでは、域内

「巨大市場」は世界レベルで競争可能な企業を作るために必要なものと判断される。しかし、それだけでは十分ではない。広大な世界市場の統一もまた、欧州連合の使命であるようなのだ。そして実際に、貿易の領域でも競争の領域でも、欧州委員会は広大な権力、ほとんど連邦政府の権力と言ってよいほどの権力を所有している。国際貿易交渉において加盟諸国の代表役を務める欧州委員会は、貿易自由化の流れの中でいかんなく影響力を行使して、自らの思想に支配的地位を獲得させるに至った。欧州委員会の哲学とはどのようなものなのか？　それは、「グローバル経済の中で競争可能なヨーロッパ」の哲学である。つまり、人間を検問にかけるが——シェンゲン協定——、資本と商品であれば何を置いても自由に通過するに任せる、そのようなヨーロッパの哲学である。「ヨーロッパの経済的開放は、欧州域内での経済成長と雇用創出のためにも、国際規模での競争力獲得のためにも、必要不可欠である」、二〇〇六年、ピーター・マンデルソンの部局が作成した覚書の中で、欧州委員会はこのように述べていた。このメッセージは、一九九〇年代に溢れかえっていた、数々の幸福なグローバリゼーション称賛の辞を直接引き継ぐもののように見える。「こうした市場開放は、域内経済を創造的な競争圧力にさらす。そしてイノベーションを刺激しそれに報いることによって、様々な新技術の実現を促して、投資要因を増大させるのである。」結論は当然、次のようになる――「ヨーロッパは保護貿易主義を拒否しなければならない[204]」。

正直なところ、このような命令が今さらなされたことには意外の感がある。共同体特恵を可能にするような関税基盤は、徐々に圧迫された挙句に、すでに壊滅済みである。対外共通関税率の平均は、ある専門家の指摘によると、「今日ではおよそ三％、すなわち経済的有効性の臨界値をはっきりと下回っている[205]」。欧州連合が調印してきた数々の地域協定と二者間協定や、GATTの枠組みにおいて進められてきた多角的交渉の営みが、見事な効果を発揮したのである。「ウルグアイ・ラウンド」（一九八六～一九九五）の過程では、世界貿易機関（WTO）が創設されるに至った。貿易自由化に新たな推進力を与えるというのがその目的である。いまや関税障壁の問題は二の次になり、サービス、知的財産、投資、税制に狙いが定められた。最も強い諸国が最も弱い諸国を言いなりにする、そのような形の国際経済秩序を、欧州委員会は先頭に立って推進している。そして多国間投資協定（MAI）が市民運動の力で却下されたとはいえ、GATS（サービスの貿易に関する一般

協定）のほうは今なお作動しているのである。（五二）

したがって、グローバリゼーションのプロセス下での欧州連合が、およそ域内市場保護の機能を果たしていない、などというどころの話ではないのである。サッチャー主義者のレオン・ブリタンを引き継ぎ、プローディ委員会の対外貿易担当委員となった「社会主義者」パスカル・ラミーは、トランスアトランティック・ビジネス・ダイアローグ（TABD）を前にして、自己の立場をともかく明確にはしている。ヨーロッパの世界貿易政策は、多国籍企業の利益に奉仕するものだというのである——「みなさんにとって何が優先事項なのか、その点を我々に指示していただきたいと思います。そうすれば我々も、なすべき事柄をいっそう容易に実現していけるのですから」、この強力なビジネス・ロビーの面々に対し、彼はこのように述べている。[206] そうしたわけで、「統制されたグローバリゼーション（globalisation maîtrisée）」（いまやWTOの長に昇進したパスカル・ラミーの表現による）に関する数多の議論に幻想を抱くべきではないだろう。そうした議論は、新自由主義モデルへの全面的同意を表現しているにすぎないのである。法により制度的枠組みを与えられ、一連の行動規範——そこでは、経済的アクターはいくつかの規範（社会的、環境的、「倫理的」

等々の）を形式的に尊重する義務を負う――により規制を受けた経済的自由主義、そもそも新自由主義モデルとはそうしたものなのだから。

「みなさんの中には、世界を脱規制化しようと望む究極の市場経済支持者として私を描き出したいと思っている方々が大勢いらっしゃる。そのことは承知しています」、二〇〇八年十二月初めに、チャーリー・マクリーヴィー（五三）域内市場委員はそう語った。「自由主義者であることをお詫びするつもりはありません。しかし、適切な規制の価値については、私だって認めているのです」、彼はこのように付け加えたものだ。金融危機のただなかで、こんな風にして新自由主義への忠誠を再確認するとき、彼は別段、ワインを水で割っている〔＝態度を和らげている〕つもりはないのである。

結論

「さあ今度は、社会的ヨーロッパの出番だ」。二〇〇四年の欧州議会選挙(五四)に際しての社会党のスローガンは、冗談でこう言っているのではない。いたって真面目に、大仰な口調で、欧州統合への取り組みは「戦略的選択」の名のもとに、党の全国評議会で採択された綱領文書においても厳かに繰り返されている。「ヨーロッパはかつてなく必要とされている」、この文書はこう断言する。「欧州各国人民間の連帯を強化し、我々の経済的・社会的モデルを守るためだけにではなく、世界がただひとつのモデル、ただひとつの権力によって支配されているという状況へのオルタナティヴを提示するためにも。(207)」こうした一連の決まり文句《クリシエ》だけでは不十分だとでも言うかのように、この文書の作成者たちはまた、「ヨーロッパとは平和である」との別のクリシェをも取り上げている――欧州諸国の多くが当時、ジョージ・W・ブッシュの合州国の遂行するイラク戦争への熱狂的支持に身を投じていただけに、このような指摘はなおさら有益なものであった[208]。

フランスの主要左派政党のこの「戦略的選択」は、「一日延ばし（procrastination）」の論理に依拠している。緊急の案件の実行をたえず翌日に延期するという、あの強迫性障害である。欧州統合こそは優先事項であり、それ自体としてひとつの進歩であるのだから、敵側の条件で連合を実現しよう、その後に我々が、我々自身の願いに従い、この連合を進化させていけるだろう――このように社会党は踏んでいるのである。今日は市場と自由主義者のヨーロッパ、明日は政治的ヨーロッパ、そして明後日には――おそらくは――社会主義者のヨーロッパ。お馴染みのリフレインだ。マーストリヒト以来、市場経済支持へと朗らかに転じた社会党指導者たちは、欧州統合のための彼らの闘いを大胆な賭けとして提示するよう努めてきた。この路線を強化しつつもあまりに明白な諸矛盾に口をつぐませるため、社会党は――欧州各国の同類と同じく――欧州連合の新自由主義的現実を否定ないし過小評価せざるをえない。想像上の、または来るべきヨーロッパの名のもとにそうするのであるが、しかし既存の力関係からすると、そんなヨーロッパの実現はおよそ現実性を欠いたものだ。

欧州議会において左派が勝利するなら、「ヨーロッパに新しい方向性を与える」ことができるだろう――二〇〇九年の欧州議会選挙に際し、(五五)フランス社会党の人々は請け合っている。しかしおまじないと予言の数々も、この夢見られたヨーロッパを実現する具体的手段についてはほとんど何の情報も与えてくれない。こうしたまじないと予言の狙いといっては、ただEU諸機関と加盟諸国に対し、市場の歯車のうちに少々の「社会的なもの」を振りかけるよう説得することに尽きるのではないか？　一九九〇年代末には欧州各国政府の大半が左派を名乗っていたものだが、(五六)当時もEUは自由主義路線から逸脱することはなく、むしろ規制緩和に関しては、高速ギアに切り替えることを選びさえしたのだった。それゆえ、社会民主主義者たちは「社会主義の理念ないし理想の本質それ自体の破壊を、すなわち、集合的かつ組織的な行動を通し、経済的諸力に脅かされた連帯を保護するという野心それ自体の破壊を」(209)、自ら推進していたのだとさえ言えるのである。ここにこそ実際、問題の核心がある。内在的に自由主義的なヨーロッパが、どうすれば社会的ヨーロッパに変化しうるというのか？　錬金術師でさえも、鉛を金に変えるのに苦労するというのに……。

この「戦略的選択」、自由貿易のヨーロッパに加担しつつも朗らかな明日を約束し続けるという選択であるが、それはたんに人々を欺くものであることが明らかになったばかりではない。不平等、失業、社会的諸権利の後退といった点で、それは社会的な災厄であった。総決算がこのようなものだったからこそ、憲法の大理石に新自由主義的政策を刻み込むという（狂気の）夢の実現を目指した欧州憲法条約（ＴＣＥ）についてのフランスとオランダの国民投票は、否決という結果を迎えたのである。このエピソードは、今日形成されつつあるものとしてのヨーロッパの、およそ民主主義的ならざる性格を改めて知らしめるものであった。このヨーロッパに反対することが、今なお許されていただろうか？　ＴＣＥに反対した人々は、メディア・エリートと政界エリートからの、烈火のごときイデオロギー的怒りを被ることになった。それでも彼らはとうとう、二〇〇五年五月と六月にこの文書の拒絶を、それも過半数を大きく上回る票をもって勝ち取ったのである(210)。

しかし仏蘭両国民の安らぎは長続きしなかった。三年足らず後の二〇〇八年二月、フランス両院は人民への意見聴取という迂回路を経ることなしに新しい条約を採択した。リスボン条約と呼ばれるこの新条約（「ミニ条約」とも名づけられた）については、作成責任者たち自身が、旧条約の条項の要点を再度取り上げたものであると認めていた。「受け入れやすいものとなるよう、憲法に化粧を施すことについて、各国政府は合意したのです」、ヴァレリー・ジスカール・デスタンは民主主義に対するこの陰謀を説明するに際し、すでにこのような明言を平然と行っていた（EurActiv.fr、二〇〇七年七月十九日）。しかしこうした態度も、欧州建設が当初よりずっと、強行軍でしばしば各国国民の同意なしに遂行されてきたことを思えば、まったく驚くべきものではない。

とはいえこの国民投票のキャンペーンのおかげで、欧州連合への批判を圧殺するイデオロギー的拷問衣の存在を暴き立てることができた。それがとりわけ理解させてくれたのは、支配階級が断固として欧州統合という選択を擁護するのは、たんにその人道主義的利点ゆえにではないという事実である。「フランスの企業主たちはヨーロッパ人なのです」、ジャック・ドロールのかつての右腕（パスカル・ラミー）は指摘する。「フランス経済の立て直しと『市場化』は、あえて言いますと、ヨーロッパによって、ヨーロッパのおかげで、ヨーロッパのゆえに実現されてきたという事実を、彼らは正しく理解しているのですから[211]。」実際、欧州統合は、各国政府に上から決定を押し付けることもあれば、各国政府自身が社会的観点から見て後退的な政策を遂行するに際してアリバイとして利用されることもあるが、いずれにせよ、各国国民経済自由化の動力として機能してきた。「国境の開放からサービス市場の競争への開放まで、それにディスインフレと予算赤字削減についても同様であるが、フランスは欧州統合に対し、よい統治《グッド・ガバナンス》が確立していない国々がＩＭＦや世界銀行に託す役割を演じさせてきた」、このように説くのは経済学者ジャン・ピザニ＝フェリーだ（『フィガロ』、二〇〇五年三月二十四日）。ユートピアとしてのヨーロッパは、ヴィクトル・ユゴー以来の進歩派たちの意識に取りついて離れることがない。しかしその旗印の背後で唸りを上げているのは、グローバル経済への適応と政治的標準化――左右の中道勢力の交替がその象徴だ――を推進するモーターなのである。エッセイストのニコラ・バヴレは、ヨーロッパとは「改革のアクセル」であると述べている。国家管理主義《エタティスム》、保護貿易主義、極右の台頭といった、「フランスに付きまとうマルサスの魔に対する最良の解毒剤」だというのである（『ル・ポワン』、二〇〇八年二月十四日）。

TCEをめぐる二〇〇五年の議論によってやはり明らかになったことであるが、「ヨーロッパ理念」は、その目的や具体的な実現形態とは無関係に、それ自体としてひとつの善だと言いうるようなものではない。なるほど、現在の欧州連合が、自ら時おり掲げる連帯と友愛の理想を実現してはいないのは事実だ。しかしだからといって、現在のEUの自由主義的傾向が「創設の父たち」、保守主義者と自由主義者であった彼らの計画からの逸脱であると主張するわけにもいかないだろう。それどころか、現在の自由主義的傾向は、彼らの計画の帰結を示しているのである。単一議定書は数々の障害を除去することによって、共同市場の諸原理を開花させた。経済・通貨同盟は新しい制度的土台を課すことによってこの事業を完成させた。こうして経済政策は各国人民の圧力から切り離されたのであるが、それは金融市場の圧力に従えるようにであった。これら一連の構造改革の結果として、各国政府の行動はいまや、むなしく騒ぎを引き起こすかおとなしく順応するかのいずれかに制限されてしまった。

真の「社会的ヨーロッパ」を打ち立てる方法は、隠されているわけではない。「自由主義的既得事項《アキ・リベロー》」(五七)を撤回し、欧州経済秩序の三つの柱（マネタリズム、自由競争、自由貿易）をドロップハンマーで打ち壊し、まったく異なった基盤の上に経済秩序を再構築しなければならない。規制緩和の嵐に対して、政治的規制の傘をかざし、社会保護の壁を築き上げなければならない。必要不可欠な措置についても、よく知られている――欧州中央銀行に授けられている独立性を撤回し、組織だった成長・雇用政策にこの機関を奉仕させること。諸市場（とりわけ金融市場）の規制緩和に終止符を打ち、経済の主要部門（公共サービス、交通機関、銀行）の社会化を促進すること。ソーシャル・ダンピングを妨げ、各国の税制と社会的諸権利を上方へ調和させていくこと。最後に、全面的な自由貿易主義に代えてある程度の保護貿易政策を、すなわち、社会的・エコロジー的諸目標の実現に適った一定の貿易規制を導入すること。こうした一連の措置が求められているのである。

言うまでもないことだが、経済政策上の諸手段を民主主義の手に取り戻すということのことは、魔法のように突如として実現するものではない。思想ではなく、社会的諸力の結集こそが、ブリュッセルを支配している自由主義的コンセンサスとの断絶をもたらすのである。しかし今日に至るまで、変化を求める人民の動きはいずれも、二つの阻害要因により粉砕されてきた。すなわち、一方では各国内部での「政争の具」に回収され、派閥的争いの中で分裂に至ることによって（二〇〇五年の憲法条約反対キャンペーン成功後のフランスにおけるように）、他方では欧州拡大の推進力によってである。この欧州拡大こそはまさしく、各国の賃金労働者間の敵対関係を生み出す装置にほかならない。彼らは客観的に見れば共通の利益によって結ばれているというのに、労賃の低下競争によって事実上の対立関係に置かれてしまうのだ。人々を結びつけるものだと称されてはいるが、競争のヨーロッパは分裂と対立を生み出す。

このヨーロッパはまた、武装解除の力でもある。ある政府が、新自由主義と断絶した政策を遂行すべく権力を獲得したとしても、この政府には活動の余地はほとんどあるまい。予算政策と通貨政策という両腕をもがれた胴体だけの国家、商品・資本の自由流通の圧力に屈したそのような国家の頭部となったところで、この政府は自らの約束を放棄せざるをえないはずだ。そのようなことを望まないのであれば、マーストリヒト条約と安定協定による押し付けを拒絶することを通して、活動の余地を回復していかなければならない。歴史の皮肉であるが、金融危機に駆り立てられて、各国の自由主義的政府は自ら進んでこの束縛から身を解き放つこととなった。それら政府は介入主義を復権させ、半世紀来聞いたこともない規模の赤字支出を敢行し、銀行を国有化し、また保護貿易の利点のいくばくかを、口先では認めた。だが、外壁に亀裂が走ったにしても、自由主義の大聖堂の土台はいまのところ無傷のままである。

真の行動の自由を求める政府であるならば、こうした「逸脱」の段階にとどまっていることはできないだろう。そのような政府は必然的に、危機的状況を引き起こすことによってそこから救いを生じさせようとするに違いない。ド・ゴール将軍やマーガレット・サッチャーがそれぞれの時代に敢行した欧州諸機関の拒絶は、そうした危機の好例である。この救済をもたらす危機によってこそ、既存の諸条約の全体的な再交渉を開始させ、政策刷新の心構えのできた諸国との強固な協力関係の設立を提案することができるだろう。この選択肢、諸々の政治的可能性の空間を再び開いていくというこの選択肢は、勇気と大胆さを必要とする。少なくともこの点についてなら、左派は「創設の父たち」の断固たる意志に学ぶことができるかもしれない。

註

序論

(1) « Discours de Nicolas Sarkozy », Conseil national de l'UMP, Paris, Maison de la Mutualité, 5 juillet 2008.

(2) Sylvie Goulard, *L'Europe pour les nuls*, Paris, First, 2007, p. 16.

(3) François Denord, *Néo-libéralisme version française. Histoire d'une idéologie politique*, Paris, Demopolis, 2007.

(4) Frédéric Lordon, « Et les lendemains n'ont pas chanté », *Le Monde diplomatique*, mai 2005.

(5) Corinne Gobin, « Quand social signifie antisocial », *in* Bernard Cassen (dir.), *En finir avec l'eurolibéralisme*, Paris, Mille et Une Nuits, 2008, p. 29-44.

(6) Anne-Catherine Wagner, *Vers une Europe syndicale. Une enquête sur la Confédération européenne des syndicats*, Bellecombe-en-Bauges, Éditions du Croquant, 2005.

(7) Wim Van Velzen, « L'Europe social : horizon ou illusion? », *in* Michel Rocard et Nicole Gnesotto (dir.), *Notre Europe*, Paris, Robert Laffont, 2008, p. 123-124.

(8) Joseph E. Stiglitz, « La fin du néolibéralisme », *Les Échos*, 21 juillet 2008 ; James K. Galbraith, « La fin du "nouveau consensus monétaire". La crise financière et l'héritage de Milton Friedman », texte mis en ligne sur laviedesidees.fr,

18 août 2008.

第一章

（9）スクリアシーヌがデュブルイユに向けた言葉。Simone de Beauvoir, *Les Mandarins*, Paris, Gallimard, 1954, p. 111.〔シモーヌ・ド・ボーヴォワール『レ・マンダラン』朝吹三吉訳、『ボーヴォワール著作集』第八巻、一九六七年、一七二～一七三頁（第三章）。なお、このモデル小説では、前者は反共主義者として著名なアーサー・ケストラー、後者はジャン＝ポール・サルトルを念頭に置いて描き出されている。〕

（10）Pierre Gerbet, *La Construction de l'Europe*, Paris, Armand Colin, 2007, p. 31-32.

（11）Antonin Cohen, *Histoire d'un groupe dans l'institution d'une « communauté » européenne, 1940-1950*, Université Paris-I, thèse de doctorat en science politique, 1999.

（12）*Id.*, « De la révolution nationale à l'Europe fédérale. Les métamorphoses de la troisième voie aux origines du mouvement fédéraliste français », *Le Mouvement social*, n° 4, octobre-décembre 2006, p. 69.

（13）これら二つの記事は、本書に引かれる他の多くの資料と同様、〈ヨーロッパに関する知識のヴァーチャル・センター〔ＣＶＣＥ〕〉が運営するきわめて豊かなウェブ・サイト、European Navigator (www.ena.lu) にてアクセス可能である。〔二〇一一年、このウェブ・サイトはその名称ともども消滅し、コンテンツはCVCEのサイト (www.cvce.eu) に統合された。〕

(14) Joseph Retinger, *Memoirs of an Eminence Grise*, John Pomian (dir.), Sussex University Press, 1972.

(15) Jean-Marie Domenach, « Quelle Europe ? », *Esprit*, novembre 1948, p. 652.

(16) *Ibid.*, p. 647.

(17) Labour Party, *European Unity: A Statement by the National Executive Committee of the British Labour Party*, Londres, Labour Party, mai 1950.

(18) André Philip, *Le Socialisme et l'unité européenne. Réponse à l'Exécutif du Labour Party*, Mouvement socialiste pour les États-Unis d'Europe, 1950.

(19) Robert Frank et François-Xavier Lafféach, « André Philip et l'Europe », *in* Christian Chevandier et Gilles Morin, *André Philip, socialiste, patriote, chrétien*, Paris, CHEFF, 2005, p. 409.

(20) Richard J. Aldrich, *The Hidden Hand. Britain, America and Cold War Secret Intelligence*, Londres, John Murray, 2001, p. 342-370.

(21) Frances Stonor Saunders, *Qui mène la danse ? La CIA et la guerre froide culturelle*, Paris, Denoël, 2003; Pierre Grémion, *Intelligence de l'anticommunisme. Le Congrès pour la liberté de la culture à Paris, 1950-1975*, Paris, Fayard, 1995.

(22) Charles Wright Mills, *L'Élite du pouvoir*, Paris, Maspero, 1969, p. 239.〔C・W・ミルズ『パワー・エリート』鵜飼信成・綿貫譲治訳、東京大学出版会、一九六九年、下巻、九六頁。〕

(23) Rémi Kauffer, « La CIA finance la construction européenne », *Historia*, mars 2003, p. 47.

(24) Robert Belot, *Henri Frenay. De la Résistance à l'Europe*, Paris, Seuil, 2003, p. 590.

(25) Marcel Liebman, « Paul-Henri Spaak ou la politique du cynisme », in *Entre histoire et politique. Dix portraits, Bruxelles*, Aden, 2006, p. 167-168.

(26) Richard J. Aldrich, *The Hidden Hand*, *op. cit.*, p. 362.

(27) *Id.*, « European Integration: An American Intelligence Connection », *in* Anne Deighton (dir.), *Building Postwar Europe. National Decision-Makers and European Institutions, 1948-63*, Londres, Macmillan, 1995, p. 172-173.

(28) Pierre Melandri, *Les États-Unis et le "défi" européen, 1955-1958*, Paris, PUF, 1975 p. 42.

(29) Gérard Bossuat, *L'Europe occidentale à l'heure américaine, 1945-1952*, Bruxelles, Complexe, 1992, p. 267.

(30) Annie Lacroix-Riz, *L'Intégration européenne de la France. La tutelle de l'Allemagne et des États-Unis*, Pantin, Le Temps des cerises, 2007, p. 63-65.

(31) Raymond Poidevin, *Robert Schuman, homme d'État, 1886-1963*, Paris, Imprimerie nationale, 1986, p. 273.

(32) Irwin Wall, *L'Influence américaine sur la politique française, 1945-1954*, Paris, Balland, 1989, p. 272.

(33) Matthias Kipping, *La France et les origines de l'Union européenne, 1944-1952. Intégration économique et compétitivité*

internationale, Paris, CHEFF, 2002, p. 214.

(34) Antonin Cohen, *Histoire d'un groupe dans l'institution d'une « communauté » européenne, op. cit.*

(35) Alain Peyrefitte, *C'était de Gaulle. La France redevient la France*, Paris, Fayard, 1994, p. 309.

(36) Éric Roussel, *Jean Monnet*, Paris, Fayard, 1996, p. 114-115.

(37) *Ibid.*, p. 126.

(38) Antonin Cohen, « Le "père de l'Europe". La construction sociale d'un récit des origines », *Actes de la recherche en sciences sociales*, n° 166-167, 2007, p. 14-29.

(39) Jean Monnet, *Mémoires,* Paris, Fayard, 1976, p.353.

(40) Éric Roussel, *Jean Monnet, op. cit.*, p. 547.

(41) Gérard Bossuat, *Les Aides américaines économiques et militaires à la France, 1938-1960*, Paris, CHEFF, 2001, p. 272.

(42) Pierre Gerbet, *La Construction de l'Europe, op. cit.*, p. 104.

(43) Marie-Thérèse Bitsch, *Histoire de la construction européenne de 1945 à nos jours*, Bruxelles, Complexe, 2004, p. 85.

(44) Pierre Melandri, *Les États-Unis face à l'unification de l'Europe, 1945-1954*, Paris, Pedone, 1980, p. 428.

(45) Paul-Henri Spaak, *Combats inachevés. De l'espoir aux déceptions*, Paris, Fayard, 1969, p. 71.

(46) Valérie Aubourg, « Le groupe de Bilderberg et l'intégration européenne jusqu'au milieu des années 1960 », *in*

Michel Dumoulin (dir.), *Réseaux économiques et construction européenne*, Bruxelles, PIE-Peter Lang, 2004, p. 412.

(47) Pierre Melandri, *Les États-Unis et le "défi" européen, op. cit.*, p. 161.

(48) *Ibid.*, p. 138.

(49) Pascaline Winand, *Eisenhower, Kennedy, and the United States of Europe*, Londres, Macmillan, 1993, p. 341.

(50) Daniel Jouanneau, *Le GATT*, Paris, PUF, 1987, p. 52.

(51) Éric Roussel, *Jean Monnet, op. cit.*, p. 765.

(52) Robert Marjolin, *Le Travail d'une vie. Mémoires, 1911-1986*, Paris, Robert Laffont, 1986, p. 337-339.

(53) Hervé Alphand, *L'Étonnement d'être. Journal (1939-1973)*, Paris, Fayard, 1977, p. 401.

(54) Maurice Vaïsse, *La Grandeur. Politique étrangère du général de Gaulle, 1958-1969*, Paris, Fayard, 1998.

(55) *Ibid.*, p. 180.

第11章

(56) Daniel Villey, in *Travaux du Colloque international du libéralisme économique*, Bruxelles, Éditions du centre Paul-Hymans, 1958, p. 341.

(57) Cité par Matthias Kipping, « André Philip et les origines de l'Union européenne », in *André Philip, socialiste,*

patriote, chrétien, Paris, CHEFF, 2005, p. 396.

(58) Jacques Rueff, « Une mutation dans les structures politiques : le marché institutionnel des communautés européennes», *Le Monde économique et financier*, 9 et 10 février 1958.

(59) Walter Lippmann, *La Cité libre*, Paris, Médicis, 1938.

(60) CIRL, *Compte rendu des séances du colloque Walter Lippmann, 26-30 août 1938*, Paris, Médicis, 1939, p. 13-14.

(61) *Ibid.*, p. 15.

(62) Jean Monnet, *Mémoires, op. cit.*, p. 13-36.

(63) Christophe Le Dréau, « Les idées européistes de *New Britain et New Europe* », *in* Olivier Dard et Etienne Deschamps (dir.), *Les Relèves en Europe d'un après-guerre à l'autre. Racines, réseaux, projets et postérité,* Bruxelles, P.I.E.-Peter Lang, 2005, p. 330.

(64) Jean-Claude Pont et Flavia Padovani (dir.), *Louis Rougier : vie et œuvre d'un philosophe engagé. Témoignage – écrits politiques*, Paris, Kimé, 2006.

(65) Milène Wegmann, « Neoliberale Europa-Föderationskonzepte 1918-1945 », *Journal of European Integration History*, n° 1, 2002, p. 204.

(66) *New Commonwealth Quarterly*, n° 2, septembre 1939, p. 131-149, repris *in* Friedrich Hayek, *Individualism and Economic Order*, Chicago, University of Chicago Press, 1996.

(67) Lettre de Louis Rougier à Friedrich Hayek, 29 janvier 1940, citée par Bernard Walpen, *Die offenen Feinde und ihre Gesellschaft. Eine hegemonietheoretische Studie zur Mont-Pèlerin Society*, Hambourg, VSA-Verlag, 2004, p. 88.

(68) Édouard Balladur, *Pour une union occidentale entre l'Europe et les États-Unis*, Paris, Fayard, 2007.

(69) Ludwig von Mises, « An Eastern democratic Union. A proposal for the establishment of a durable peace in Eastern Europe », Manuscripts and Archives, Yale University Library, Walter Lippmann Papers, Box 90, Folder 1516.

(70) « Problèmes économiques d'après guerre. Un point de vue français », p. 24-25, Archives nationales/72/AJ/546.

(71) Robert Marjolin, *Le Travail d'une vie, op. cit.*, p. 118.

(72) Raymond Aron, *Cinquante ans de réflexions politiques. Mémoires*, Paris, Julliard, 1983, p. 167.

(73) Lettre de René Courtin à Albert Hunold, le 2 décembre 1948, Mont-Pèlerin Society papers, Hoover Institution Archives, Box 29, Folder 1.

(74) Antonin Cohen, « La Constitution européenne. Ordre politique, utopie juridique et guerre froide », *Critique internationale*, n° 26, janvier 2005, p. 119-131.

(75) Daniel Villey, in *Travaux du Colloque international du libéralisme économique, op. cit.*, p. 341.

(76) Michel Dumoulin et Anne-Myriam Dutrieue, *La Ligue européenne de coopération économique (1946-1981). Un groupe d'étude et de pression dans la construction européenne*, Bruxelles, Peter Lang, 1993, p. 209.

(77) Lettre de Jacques Rueff à Friedrich Hayek, 31 janvier 1950, Friedrich Hayek Papers, Hoover Institution Archive,

Box 47, Folder 15.

(78) Jacques Lacour-Gayet, cité par Laurence Badel, *Un milieu libéral et européen. Le grand commerce français (1925-1948)*, Paris, CHEFF, 1999, p. 449.

(79) Congrès de l'Europe, *Résolutions, La Haye-Mai 1948*. Paris & Londres, Mouvement international de coordination des mouvements pour l'unité européenne, p. 8-12.

(80) Maurice Allais, « Les unions douanières et l'unification fédérale de l'Europe », Groupe de recherches économiques et sociales, 7 juillet 1948, château de Lourmarin, fonds Louis Rougier, R11.

(81) Albert-Roger Métral, cité par Matthias Kipping, *La France et les origines de l'Union européenne 1944-1952*, *op. cit.*, p. 275.

(82) Ronald Max Hartwell, *A History of the Mont-Pelerin Society*, Indianapolis, Liberty Fund, 1995, p. 214-215.

(83) Michelle Cini, « La Commission européenne comme lieu d'émergence de cultures administratives. L'exemple de la DG IV et de la DG XI », *Revue française de science politique*, n° 3, 1996, p. 466.

(84) Mario Monti, « Competition in a social market economy », *Speech by Commissioner Monti at the Conference of the European Parliament and the European Commission on "Reform of European Competition Law"*, 9 et 10 novembre 2000.

(85) David J. Gerber, *Law and Competition in Twentieth Century Europe. Protecting Prometheus*, Oxford, Oxford

University Press, 1998, p. 232-265.

(86) Ralf Ptak, *Vom Ordoliberalismus zur Sozialen Marktwirtschaft. Stationen des Neoliberalismus in Deutschland*, Opladen, Leske+Budrich, 2004, p. 26-27.

(87) Hans Willgerodt, « Alfred Müller-Armack – der Schöpfer des Begriffs „Soziale Marktwirtschaft" », *Zeitschrift für Wirtschaftspolitik*, n° 3, 2001, p. 253-277.

(88) Werner Abelshauser, « Les nationalisations n'auront pas lieu. La controverse sur l'instauration d'un nouvel ordre économique et social dans les zones occidentales de l'Allemagne de 1945 à 1949 », *Le Mouvement social*, n° 134, janvier-mars 1986, p. 81-96.

(89) Patricia Commun, « La conversion de Ludwig Erhard à l'ordolibéralisme (1930-1950) », *in* Patricia Commun (dir.), *L'Ordolibéralisme allemand. Aux sources de l'économie sociale de marché*, Cergy-Pontoise, CIRAC, 2003, p. 175-219.

(90) Jean François-Poncet, *Politique économique de l'Allemagne occidentale*, Paris, Les Cours de droit, Cours IEP de Paris 1959-1960, 1960, p. 84.

(91) Karl Heinz Roth, « Klienten des Leviathan : Die Mont-Pèlerin Society und das Bundeswirtschaftsministerium in den fünfziger Jahren », *1999*, n° 16, 2000, p. 13-41.

(92) Jean-Louis Georget, « Les influences idéologiques de l'ordolibéralisme sur la démocratie chrétienne », *in* Patricia Commun (dir.), *L'Ordomlibéralisme allemand, op. cit.*, p. 221-230.

(93) « Les Articles de Düsseldorf (15 juillet 1949) », reproduits *in* André Piettre, *L'Économie allemande contemporaine (Allemagne occidentale) 1945-1952*, Paris, Éditions de la Librairie de Médicis, 1952, p. 576. 〔なお「デュッセルドルフ綱領」のこの文言については、ドイツ語原文から直接翻訳した。〕

(94) David J. Gerber, *Law and Competition, op. cit.*, p. 263.

(95) Ludwig Erhard, *La Prospérité pour tous*, Paris, Plon, 1959, p. 147.

(96) Wilhelm Röpke, « Gemeinsamer Markt : ja-aber ohne Dirigismus », *Die Zeit*, 12 décembre 1957.

(97) John Gillingham, *European Integration 1950-2003. Superstate or New Market Economy ?*, Cambridge, Cambridge University Press, 2003, p. 41-42.

(98) Robert Marjolin, *Le Travail d'une vie, op. cit.*, p. 286.

(99) Compte rendu d'une rencontre entre Maurice Faure et Ludwig Erhard à l'Hôtel de ville de Berlin le 16 septembre 1956 (http://www.traitederome.fr).

(100) Ludwig Erhard, *La Prospérité pour tous, op. cit.*, p. 150.

(101) Lise Rye, « The rise and fall of the French demand for social harmonization in the EEC, 1955-1956 », *in* Katrin Rücker et Laurent Warlouzet (dir.), *Quelle(s) Europe(s) ? Nouvelles approches en histoire de l'intégration européenne*, Bruxelles, PIE-Peter Lang, 2006, p. 155-168.

(102) Nathalie Carré de Malberg, *Entretiens avec Roger Goetze, Haut fonctionnaire des Finances. Rivoli-Alger-Rivoli, 1937-*

1958, Paris, CHEFF, 1997, p. 342.

(103) Michel-Pierre Chelini, « Le plan de stabilisation Pinay-Rueff : 1958 », *Revue d'histoire moderne et contemporaine*, n° 4, octobre-décembre 2001, p. 102-122.

(104) Jacques Rueff, « Une mutation dans les structures politiques », *art. cit.*.

(105) Jean Duret, « Que signifie le Marché commun dans une Europe capitaliste ? », *Cahiers internationaux*, n° 78, juillet 1956, p. 19-30.

(106) CNPF, « Déclaration du président Villiers adoptée par l'Assemblée générale du CNPF du 18 février 1959 », Mont-Pèlerin Society Papers, Hoover Institution Archives, Box 40, Folder 11.

(107) Marine Moguen-Toursel, *L'Ouverture des frontières européennes dans les années 1950. Fruit d'une concertation avec les industriels ?*, Bruxelles, PIE-Peter Lang, 2002, p. 249.

(108) Claude Gruson, cité par Aude Terray, *Des francs-tireurs aux experts. L'organisation de la prévision économique au ministère des Finances, 1948-1968*, Paris, CHEFF, 2002, p. 210.

(109) Discours publié dans le *Journal officiel de la République française*, 19 janvier 1957, n° 3, p. 159-166.

(110) Jacques Rueff, « Une mutation dans les structures politiques », *art. cit.*

(111) CEE, *Premier rapport d'activité du comité monétaire*, Bruxelles, 28 février 1959, p. 2.

(112) Ivo Maes, « Projets d'intégration monétaire à la Commission européenne au tournant des années 1970 », *in* Éric

Bussière, Michel Dumoulin et Sylvain Schirmann (dir.), *Milieux économiques et intégration européenne au XXe siècle. La crise des années 1970. De la conférence de La Haye à la veille de la relance des années 1980*, Bruxelles, P.I.E-Peter Lang, 2006, p. 36-38.

(113) Michelle Cini et Lee McGowan, *Competition Policy in the European Union*, Basingstoke, Macmillan-New York, St. Martin's Press, 1998.

(114) Lucien Bourgeois et Thierry Pouch, « La politique agricole commune : une politique réduite au marché », *Revue de l'OFCE*, n° 1, 1993, p. 376.

(115) Expression de l'avocat Antoine Winckler, citée *in* Renaud Girard, « L'arme cachée de la Commission européenne », *Le Figaro*, 13 juillet 2005.

(116) Gilbert Noël, *Du pool vert à la politique agricole commune. Les tentatives de la Communauté agricole européenne entre 1945-1955*, Paris, Economica, 1988.

(117) Andrew Moravcsik, « Le gain et la grandeur : les origines économiques de la politique européenne du général de Gaulle », *Revue française de science politique*, n° 4, 1999, p. 507-544 et n° 1, 2000, p. 73-124.

(118) Gilbert Noël, « Le rôle des institutions dans le développement de la politique agricole commune (1968-1975) », *in* Éric Bussière, Michel Dumoulin et Sylvain Schirmann (dir.), *Milieux économiques et intégration européenne au XXe siècle, op. cit.*, p. 205.

(119) Michel Cointat, *Les Couloirs de l'Europe*, Paris, L'Harmattan, 2001, p. 221.

(120) Ann-Christina L. Knudsen, « Community welfare for farmers and external pressures for change : the common agricultural policy from Mansholt to Macsharry (1962-1992) », in *L'Europe et la mondialisation, Cahier du CICC*, Soleb, 2006, p. 84-107.

(121) François Bilger, *La Pensée économique libérale dans l'Allemagne contemporaine*, Paris, LGDJ, 1964, p. 185.

(122) Pierre Coulomb, « Du secteur au territoire. La politique socio-structurelle au centre de la régulation nouvelle de la Politique agricole commune ? », *Cahiers options méditerranéennes*, vol. 36, 1999, p. 236.

(123) Brigitte Leucht et Katja Seidel, « Du traité de Paris au règlement 17/1962 : ruptures et continuités dans la politique de la concurrence, 1950-1962 », *Histoire, économie et société*, n° 1, 2008, p. 39-40.

(124) Laurent Warlouzet, « La France et la mise en place de la politique de la concurrence communautaire (1957-1964) », *in* Éric Bussière, Michel Dumoulin et Sylvain Schirmann (dir.), *Europe organisée, Europe du libre-échange ? Fin XIXe siècle-années 1960*, Bruxelles, P.I.E.-Peter Lang, 2006, p. 175-202.

(125) Hans von der Groeben, « La politique de la concurrence, partie intégrante de la politique économique dans le marché commun », discours prononcé devant le Parlement européen à Strasbourg, 16 juin 1965.

(126) Laurent Warlouzet, « Europe de la concurrence et politique industrielle communautaire. La naissance d'une opposition au sein de la CEE dans les années 1960 », *Histoire, économique et société*, n° 1, 2008, p. 53.

(127) Sigfrido Ramirez Pérez, « La politique de la concurrence de la Communauté économique européenne et l'industrie : l'exemple des accords sur la distribution automobile (1972-1985) », *Histoire, économie et société*, n° 1, 2008, p. 65.

(128) Jean-Christophe Defraigne, « De l'abandon progressif de la stratégie des champions nationaux à la vague de fusions de 1986-2001 », *in* Éric Bussière, Michel Dumoulin et Sylvain Schirmann (dir.), *Milieux économiques et intégration européenne au XXe siècle, op. cit.*, p. 281.

(129) Ezra Suleiman et Guillaume Courtry, *L'Âge d'or de l'État. Une métamorphose annoncée*, Paris, Seuil, 1997.

(130) Arthe Van Laer, « Quelle politique industrielle pour l'Europe ? Les projets des commissions Jenkins et Thorn (1977-1984) », *in* Éric Bussière, Michel Dumoulin et Sylvain Schirmann (dir.), *Milieux économiques et intégration européenne au XXe siècle, op. cit.*, p. 17.

(131) Bela Belassa, « Whither French Planning ? », *The Quarterly Journal of Economics*, n° 4, novembre 1965, p. 537-554 ; Pierre Bauchet, *La Planification française. Vingt ans d'expérience*, Paris, Seuil, 1966.

(132) Hans von der Groeben, « La politique de la concurrence, partie intégrante de la politique économique dans le marché commun », *op. cit.*

(133) Andrew Knapp, *Le Gaullisme après de Gaulle*, Paris, Seuil, 1994, p. 772.

(134) Jean-Claude Koeune, « La mise en place et les premières expériences du SME », *in* Éric Bussière, Michel Dumoulin et Sylvain Schirmann (dir.), *Milieux économiques et intégration européenne au XXe siècle, op. cit.*, p. 59-68.

(135) Friedrich Hayek, *Scientisme et science sociale. Essai sur le mauvais usage de la raison*, Paris, Plon, 1953.

(136) Michel Foucault, *Naissance de la biopolitique. Cours au Collège de France, 1978-1979*, Paris, EHESS, Gallimard-Seuil, 2004, p. 198.〔ミシェル・フーコー『生政治の誕生』慎改康之訳、筑摩書房、二〇〇八年、二三八頁。〕

第三章

(137) Jean Pisani-Ferry, cité *in* Jean-Pierre Robin, « La France fait un mauvais usage de l'Europe », *Le Figaro*, 24 mars 2005.

(138) *The Sunday Times*, 12 et 19 octobre 2008 ; *Le Monde*, 30 mars 2008.

(139) *Concurrence*, n° 2, 2005, p. 6-7.

(140) David Roca, *Le Démantèlement des entraves aux commerces mondiale et intracommunautaire. Droits communautaire et de l'OMC comparés*, tome 1, Paris, L'Harmattan, 2007, p. 66.

(141) Jean-Christophe Defraigne, « De l'abandon progressif de la stratégie des champions nationaux à la vague de fusions de 1986-2001 », *op.cit.*, p. 293.

(142) Vincent Valentin, « L'Europe au risque de la démocratie. La critique libérale », *Raisons politiques*, n° 10, mai 2003, p.

35.

(143) Cour de justice des Communautés européennes, *Rapport annuel 2007*, p. 102.

(144) *Ibid.*, p.108.

(145) Antoine Vauchez, « Une élite d'intermediaires. Genèse d'um capital juridique européen (1950-1970)», *Actes de la recherche en sciences sociales*, n° 166-167, 2007,p. 54-55.

(146) Académie française, « Réponse de M. Jean-François Deniau au discours de M. Georges Vedel », discours prononcé dans la séance publique du jeudi 18 mars 1999 (www.academie-francaise.fr/Immortels/discours_reponses/deniau.html).

(147) Alain Supiot, « Vers "l'économie communiste de marché" », *Le Monde*, 25 janvier 2008.

(148) Cf. le règlement (CEE) n° 1677/88 de la Commission du 15 juin 1988 fixant des normes de qualité pour les concombres, modifié par le Règlement (CE) N° 386/2005 de la Commission du 8 mars 2005 (*Journal officiel* n° L 62, 9 mars 2005).

(149) Roman Herzog et Lüder Gerken, «Stoppt den Europaïschen Gerichtshof! », *Frankfurter Allgemeine Zeitung*, 8 septembre 2008.

(150) Karen J. Alter et Sophie Meunier-Aitsahlia, « Judicial politics in the European Community. European integration and the Pathbreaking Cassis de Dijon decision », *Comparative Political Studies*, n° 4, janvier 1994, p.535-561.

(151) Gilles Gin, *The Battle of the Single European Market. Achievements and Economics 1945-2000*, Londres, New York, Bahrain, 2003, p.67.

(152) *Journal officiel des Communautés européennes*, n° C256/3, 3 octobre 1980.

(153) Parti populaire européen, *Apports à la politique économique et sociale européenne. Programme, Rapports, Résolutions 1981-1984*, Bruxelles, Secrétariat général du PPE, p. 66.

(154) Belén Banlanyá, Ann Doherty, Olivier Hoedeman, Adam Ma'anit et Erik Wesselius, *Europe Inc. Comment les multinationales construisent l'Europe et l'économie mondiale*, Marseille, Agone, 2005.

(155) Maria Green Cowles, « Setting the agenda for a new Europe: the ERT and EC 1992 »», *Journal of Common Market Studies*, n° 4, 1995, p. 501-526 ; *id.*, « L'européanisation de l'action politique des multinationales », *Politique étrangère,* n° 2, 1997, p. 309-324.

(156) Parti communiste français et Parti socialiste, *Programme commun de gouvernement*, Paris, Éditions sociale, 1972, p. 177.

(157) Parti socialiste, *Projet socialiste* : *pour la France des années 80*, Paris, Club socialiste du livre, 1980, p. 181, p. 222, p. 224. Voir Serge Halimi, *Quand la gauche essayait*, Paris, Arléa, 2000, p. 527 et suiv.

(158) Georges Saulnier, « Le gouvernement français et les enjeux économiques européens à l'heure de la rigueur, 1981-1984», *in* Eric Bussière, Michel Dumoulin et Sylvain Schirmann (dir.), *Milieux économiques et intégration*

européenne au XXe siècle, op. cit., p. 109-146.

(159) Olivier Feiertag, « Finances publiques, "mur d'argent" et genèse de la libéralisation financière», *in* Serge Berstein, Pierre Milza et Jean-Luis Bianco (dir.), *Les Années Mitterrand. Les années du changement (1981-1984)*, Paris, Perrin, 2001, p. 431-455.

(160) Pierre Rimbert, *"Libération" de Sartre à Rothschild*, Paris, Raisons d'agir Editions, 2005, p. 119.

(161) Charles Grant, *Delors, architecte de l'Europe*, Chêne-Bourg, Georg, 1995, p. 69.

(162) François Cusset, *La Décennie. Le grand cauchemar des années 1980*, Paris, La Découverte, 2006.

(163) Margaret Thatcher, *The Downing Street Years*, Londres, Harper Collins, 1993, p. 547.

(164) Gilles Grin, *The Battle of the European Single Market: Achievements and Economic Thought 1945-2000*, London, Kegan Paul, 2003, p. 112.

(165) Margaret Thatcher, *The Dowining Street Years*, *op.cit.*, p. 547.

(166) Jacques Delors, *L'Unité d'un homme, Entretiens*, Paris, Odile Jacob, 1994, p. 220.

(167) Wayne Sandholtz Zysman, « 1992: Recasting the European bargain », *World Politics*, vol. 42, octobre 1989, p. 95-128.

(168) John Gillingham, *European Integration…*, *op.cit.*,p. 232.

(169) Maria Green Cowles, « Setting the agenda for a new Europe », *art.cit.*, p. 512.

(170) *Completing the Internal Market: White Paper from the Commission to the European Council* (Milan, 28-29 June 1985), COM(85) 310, juin 1985.

(171) Maria Green Cowles, « Setting the agenda for a new Europe », *art. cit.*, p. 518.

(172) Bernard Cassen, « L'Europe sous la coupe des financiers ? », *Le Monde diplomatique*, décembre 1990.

(173) Jacques Delors, *Mémoires*, Paris, Plon, 2004, p. 252-253.

(174) Charles Grant, *Delors…*, *op.cit.*, p. 113.〔チャールズ・グラント『ＥＵを創った男』伴野文夫訳、ＮＨＫブックス、一九九五年、五三頁。〕

(175) Brian T. Hanson, « What happened to Fortress Europe? External trade policy liberalization in the European Union », *International Organization*, vol. 52, n° 1, 1998, p. 74.

(176) George Ross, *Jacques Delors and European Integration*, New York, Oxford University Press, 1995, p. 80.

(177) Tommaso Padoa-Schioppa *et al.*, *Efficacité, stabilité équité. Une stratégie pour l'évolution du système économique de la Communauté européenne*, Paris, Economica, 1987, p. 6.

(178) Nicolas Jabko, « In the name of the Market. How the European Commission paved the way for monetary union », *Journal of European Public Policy*, vol. 6, n° 3, septembre, 1999, p. 475-495.

(179) Luc Moulin, « L'Association pour l'union monétaire de l'Europe : un groupe d'entrepreneurs contribue à la création de l'euro », *in* Éric Bussière, Michel Dumoulin et Sylvain Schirmann (dir.), *Milieux économiques et intégration*

européenne au XXe siècle, op.cit., p. 242.

(180) Stefan Collignon et Daniela Schwarzer, *Private Sector Involvement in the Euro: The Power of Ideas*, Londres-New York, Routledge, 2002, p. 54.

(181) *Ibid.*,p. 77-78.

(182) Rawi Abdelal, *Capital Rules: The Construction of global Finance,* Cambridge (Mass.), Harvard University Press, 2007, p. 75-76.

(183) Nicolas Jabko, « In the name of the Market », *art. cit.*, p. 480.

(184) Kenneth Dyson, Kevin Featherstone, *The Road to Maastricht. Negotiating Economic and Monetary Union*, Oxford, Oxford University Press, 1999.

(185) Bernard Cassen, « La cohésion sociale sacrifiée à la monnaie », *Le Monde diplomatique*, juin 1995.

(186) Jean-Paul Fitoussi, *Le Débat interdit. Monnaie, Europe, pauvreté*, Paris, Arléa, 1995, p.85.

(187) 引用は、ジャン＝ピエール・シュヴェヌマン『マーストリヒト愚言録』による（Jean-Pierre Chevènement, *Le Bêtisier de Maastricht*, Paris, 1997, p. 44, p. 51, p. 133）。〔なお、引用はすべて、社会党の有力政治家の発言。〕

(188) Robert Pelletier, cité *in* Serge Halimi, *Le Grande Bond en arrière. Comment l'ordre libéral s'est imposé au monde*, Paris, Fayard, 2004, p. 395.

(189) Jean-Pierre Chevènement, *Le Bêtiser de Maastricht, op.cit.*, p.61.

(190) « Le “pacte de stabilité” pour l’Europe proposé par le ministre allemand des Finances Theo Waigel », *Europe documents*, n° 1962, 24 novembre 1995, p. 1-3.

(191) Vincent Giret, « Monnaie unique. L’euro à Dublin : deux interprétations pour un même accord », *L’Expansion*, 19 décembre 1996.

(192) Yves Steiner, *Le Coût réel de l’indépendance de la banque centrale. Économie politique comparée de la Deutsche Bundesbank et de la Banque du Japon dans les années 1970*, Université de Lausanne, Institut d’études politiques et internationales, 2003.

(193) Frédéric Lebaron, *Ordre monétaire ou chaos social ? La BCE et la révolution néolibérale*, Bellecombe-en-Bauges, Éditions du Croquant, 2006, p. 18-19.

(194) « Réformer le budget, changer l’Europe », communication de la Commission, Bruxelles, le 12 septembre 2007.

(195) Ève Fouilleux, « Entre production et institutionnalisation des idées. La réforme de la Politique agricole commune », *Revue française de science politique*, n° 2, 2000, p. 277-306.

(196) Mariann Fischer Boel, « Liberalism and the CAP », Congrès du Parti des libéraux-démocrates, Stockholm, 31 octobre 2008.

(197) Renaud Girard, « L’arme cachée de la Commission européenne », *Le Figaro*, 13 juillet 2005.

(198) John Gillingham, *European Integration…*, *op.cit.*, p. 251-252.

(199) Laurent Vigier, *Cycle poitique et développement institutionnel. La Direction générale de la concurrence (DG IV) de la Commission européenne*, Institut d'études politiques de Paris, DEA d'études politiques, 1995, p. 79.

(200) Frédéric Lordon et Pepita Ould-Ahmed, « "Qui perd paye…". Le droit européen des aides d'État comme morale punitive », *Critique internationale*, n° 33, 2006, p. 56.

(201) *Livre blanc sur la modernisation des règles d'application des articles 85 et 86 du traité CE. Programme de la commission n° 099/277, Journal officiel des communautés européennes*, 15 mai 1999, C132/1-C132/33.

(202) Emmanuel Combe, *La Politique de la concurrence*, Paris, La Découverte, 2002, p. 81-85.

(203) Rawi Abdelal, « Le consensus de Paris : la France et les règles de la finance mondiale », *Critique internationale*, n° 28, juillet-septembre 2005, p. 113-114.

(204) Communication de la Commission européenne, « Une Europe compétitive dans une économie mondialisée », 4 octobre 2006.

(205) Jacques Bourrinet, « La politique commerciale commune », *in* Jacques Ziller (dir.), *L'Union européenne. Édition traité de Lisbonne*, Paris, La Documentation française, 2008, p. 190.

(206) Raoul Marc Jennar, *Europe, La trahison des élites*, Paris, Fayard, 2004, p. 22.

(207) Parti socialiste, « Une ambition socialiste pour l'Europe », texte adopté par son Conseil national, 17 avril 2004.

(208) Perry Anderson, « Depicting Europe », *London Review of Books*, 20 septembre 2007.

(209) Pierre Bourdieu, « Pour un mouvement social européen », *Le Monde diplomatique*, juin 1999.

(210) Henri Maler et Antoine Schwartz pour Acrimed, *Médias en campagne. Retours sur le référendum de 2005*, Paris, Syllepse, 2005.

(211) Entretien avec Pascal Lamy, « Le modèle français vu d'Europe », *Le Débat*, n° 134, mars-avril 2005, p. 35.

訳註

（一）一九九五年十一月十五日発表のジュペ・プラン（労組との交渉なしに提示された年金・社会保険《セキュリテ・ソシアル》改革案）に反対して遂行された、公共部門中心のゼネスト。世論の広範な支持のもと、数百万人が街頭に降りた。一九六八年五月以来最大の社会運動と言われる。それまで直接的な政治参加には距離を置いていたピエール・ブルデューは、この時期から新自由主義の展開と福祉国家の破壊に立ち向かう闘士としての存在感を強めていく。

（二）莫大な利益を獲得していた私企業、とりわけ金融機関が、ひとたび経営破綻に見舞われるや、市場の混乱を避けるためと称して政府の救済を受ける。すなわち、これまで利益の再分配を受けることがなかった社会ないし国民が、損失のみを共有させられるわけである。「利益の私物化（privatiser les profits）と損失の社会化（socialiser les pertes）」とは、このような事態を指し示すために用いられる表現。以前から存在していたが、リーマン・ブラザーズ破綻（二〇〇八年）に端を発する、各国による莫大な公的資金を注入しての銀行救済の動きを受け、いっそう人口に膾炙するようになった。

（三）ここでＥＵ主要機関の簡潔な説明をしておく。①欧州委員会（Commission européenne / European Commission）はＥＵの政策執行機関。各国から一名ずつ選出された委員が、委員長に割り振られた特定の政策分野を担当する。法案発議権を持つ唯一の機関としてＥＵの政策を明確に定めるのみならず、採択後の各種法令の各国による遵守を監視する権限も持つ。②欧州連合理事会（Conseil de l'Union européenne / Council of the European Union）は、閣僚理事会（Conseil des ministres / Council of Ministers）とも呼ばれるもので、加盟各国から一名ずつの閣僚により構成され、政策分野に応じ、総務・外務理事会、経済・財務相理事会等に分かれる。特定の個人を議長とするのではなく、加盟各国が輪番で議長国を務める。委員会の発議を受け、法案の審議に当たる一種の立法府である。③欧州議会（Parlement européen / European Parliament）は、その名にもかかわらずかつては単なる諮問機関であったが、一九七九年に加盟各国の直接普通選挙で選ばれるようになり、以後次第に欧州連合理事会に次ぐ立法機関としての体裁を整えてきた。しかし（理事会ともども）法案発議権はいまだ与えられていない。④欧州理事会（Conseil européen / European Council）は加盟各国の国家元首ないし政府の長によって構成され、欧州首脳会議、EUサミットとも称される。一年に最低四回開催され、立法権は持たないものの、EUの政策の大枠がここで協議される。二〇〇九年以降、常任の欧州理事会議長（Président du Conseil européen / President of the European Council）職が設けられた（対外的にEU代表として振る舞うことから、「EU大統領」と訳されることもある）。

（四）ミルトン・フリードマンおよび「シカゴ学派」の名と結び付けられる経済学説。ケインズ流の裁量的な財政・金融政策の無効性・有害性を指摘して、市場メカニズムに対する政府介入の縮小を唱えるとともに中央銀行の役割を強調した。貨幣供給量を安定させ、失業率増大の代償を払ってもインフレ抑制に努めることが重視される。ケインズ経済学を押しのけて一九七〇年代に台頭したが、その影響は今日のニュー・ケインジアンにも及んでいる。

（五）一九五七年のローマ条約前文に読まれる有名な言葉。「欧州諸国民間の絶え間なくいっそう緊密になっていく連合、あらゆる決定が可能な限り市民に近いところでなされるそのような連合を創出するプロセスを追求しようと決意して……」。

（六）「魂の補い（supplément d'âme）」はベルグソン（『道徳と宗教の二源泉』）に由来する表現だが、精神を欠いた機械的プロセスとみなされるものに人々の感情を向けねばならない状況でよく用いられる。欧州統合関連でもよく目にする表現である。

（七）フリッツ・ボルケステイン（一九三三〜）。オランダの政治家（VVD／自由民主人民党）。域内市場・サービス担当欧州委員（一九九九〜二〇〇四年）としての活動、とりわけ「域内市場におけるサービスに関する指令」の作成によって知られる。域内のサービス自由化を目指したこの通称「ボルケステイン指令」の原案に謳われた「原産地原則」によるなら、サービス提供者はその業者の拠点が置かれた国の法にのみ従えばよく、それゆえ中東欧の新規加盟国の労働者が労働者保護の進んだ旧来からの加盟国に移動して、出身国の労働条件で働くことが可能になる。ソーシャル・ダンピングの制度化にほかならないこの提案は、欧州各国で激しい議論を引き起こし、とりわけフランスでは「ポーランドの配管工」なる神話的形象まで生み出して、欧州憲法条約をめぐる二〇〇五年の国民投票結果にも大きな影響を与えた。ボルケステイン指令は結局二〇〇六年に、「原産地原則」を緩和した上で成立することになる。

（八）欧州社会対話（dialogue social européen / European social dialogue）とは、EUにおける労使対話。一九八五年、欧州委員会委員長就任直後のジャック・ドロールが、ブリュッセル近郊のヴァル・デュシェス城に欧州労働組合連盟（ETUC）と二大経営者団体――欧州共同体産業連盟（UNICE）、欧州公共企業センター（CEEP）――の代表を会合させたことにより始動したものとされる。

（九）指令（directive）とはEU法の一形態で、EU諸機関により練り上げられ、目的達成のため加盟各国に一定期限内の国内法整備を要求するもの。

（一〇）　これはファン・フェルゼンの言葉ではなく、原著者たちによる補足。

（一一）経済学賞は本来のノーベル賞には含まれず、実際には「アルフレッド・ノーベル記念経済学スウェーデン国立銀行賞」であることから、皮肉を込めて括弧に括られている。

（一二）リヒャルト・クーデンホーフ＝カレルギー（一八九四～一九七二）。オーストリア＝ハンガリー帝国の外交官と日本人女性の間に生まれる。一九二三年に宣言書『汎ヨーロッパ』を出版するとともに汎ヨーロッパ連合を設立し、以後第二次大戦後に至るまで、ヨーロッパの政治統合のために尽力した。その活動は、今日のEUに至る近代的な欧州統合の源流のひとつとされる。

（一三）「自由で統一されたヨーロッパのために」と題された欧州連邦主義の宣言。元イタリア共産党員（スターリンを批判し除名）アルティエロ・スピネッリとレジスタンス活動家エルネスト・ロッシの二人が、一九四一年、イタリアの離島ヴェントテーネの政治犯収容所で執筆したもの。国民国家体制を第二次大戦の原因とみなし、統一された欧州連邦の実現によるその乗り越えを主張している。ファシズム体制下で非合法に流通したこの文書は、一九四三年のムッソリーニ失脚直後にスピネッリが創始したイタリアの〈欧州連邦主義運動〉（ＭＦＥ）、ついでやはりスピネッリを指導者の一人とする欧州規模の運動組織〈欧州連邦主義者同盟〉（ＵＥＦ）の礎となった。

（一四）「ヴォークリューズの雄牛」は当県出身の急進社会党の政治家エドゥアール・ダラディエの異名。首相在職時のミュンヘン会談における対独宥和政策と対独宣戦後の反共政策、国防大臣として体験した対独敗戦によって記憶される彼がこの会議に出席していたことに目を付け、この記事は「ダラディエのヨーロッパ」と題されている。

（一五）欧州審議会（Conseil de l'Europe / Council of Europe）。欧州評議会とも。一九四九年、十ヵ国で設立。本部はストラスブール。欧州人権条約（五〇年調印）やそれに基づく欧州人権裁判所の設置（五九年）で知られる。ＥＣＳＣ・ＥＥＣ・ＥＣ・ＥＵと続く狭義の欧州統合諸機構とは別組織であり、加盟国数も異なる（二〇一二年五月現在、ＥＵ二十七カ国に対して四十七カ国）。しかし欧州審議会がシンボルとして定めた欧州旗と欧州歌（「歓喜の歌」）が、八〇年代以降ＥＣ／ＥＵによっても採用されているほか、両者の間にはとりわけ人権・司法および文教分野での協力関係が存在する。

（一六）ステイ＝ビハインド（stay-behind）とは、ＮＡＴＯとＣＩＡにより冷戦期の西欧諸国に張り巡らされた非合法ネットワークで、ワルシャワ条約機構軍の侵入に備えるとともに、各国共産党の政権獲得を妨害すべく様々な活動を行った。最も有名なイタリアのグラディオは、一九六〇年代末から八〇年代末にかけての「鉛の時代」における「緊張戦略」に関与したとされ、テロ行為との関わりが議論されている。

（一七）〈文化自由会議（Congrès pour la liberté de la culture / Congress for Cultural Freedom）〉。一九五〇年設立の国際反共文化人団体。本部はパリ。ＣＩＡによる資金提供は一九六七年に暴露され、スキャンダルとなった。

（一八）計画庁（Commissariat général du Plan）は、一九四六年設立のフランスの行政機関。諸企業の大規模な国有化を踏まえ、大戦による壊滅的打撃からの経済復興と、産業構造の近代化を主導した。初代長官として一連の「モネ・プラン」の実施を指揮したジャン・モネは、「計画の父」でもある。

（一九）『人口論』（人口増による飢饉の必然性を説く）で著名なマルサスの名にちなみ、かつてのフランス経済の体質を批判的に名指す際に好んで用いられる言葉。内においては産業構造の近代化や規模拡大に反対し、外に対しては保護的諸措置を志向するというもの。

（二〇）欧州石炭鉄鋼共同体の行政機関。「最高機関」とも訳される。欧州委員会の源流である。

（二一）ジョン・フォスター・ダレス米国務長官は一九五四年、ソ連からの西側諸国への攻撃に対しては核兵器による全面報復で応じることを宣言した。以後、このような脅しとそれに見合った核開発の推進によってこそ平和が保たれるというのが、合州国の核抑止戦略の基本となる。

（二二）EEC加盟六カ国は、一九五九年のド・ゴールによる政治連合の提案をボン宣言（一九六一年七月）によって受け入れ、フランスの政治家・外交官フーシェを座長とする委員会を発足させて交渉を開始する。フーシェ・プランとはこの委員会で協議された政治連合計画であり、フランスによって六一年十月と六二年一月の二度に渡り提出された条約案は、それぞれ第一次・第二次フーシェ・プランと呼ばれる。ド・ゴールの目論見は、政府間主義と反大西洋主義によって特徴づけられる。すなわち、一方ではブリュッセルの超国家的枠組みへの権力集中によって各国の主権が犠牲となることを拒み、政治統合の形態を各国政府間の協力関係へと組み替えることが、他方では共通外交政策と共通防衛政策の実現により、アメリカへの従属を脱した政治的・軍事的勢力としてのヨーロッパを確立することが目指されていたのである。しかし、残る五カ国はいずれも、NATO体制への挑戦の意志を隠そうともしないフランス案をそのまま受け入れることはできなかった。とりわけベネルクス三国は政府間主義により大国フランスの影響力が増大することを恐れたし、アメリカから自立した新たな安全保障秩序の構築は、折しもEEC加盟申請の意志を表明（六一年七月）したばかりのマクミラン政権下のイギリス——アメリカとの協調を最重視していた——との関係からしても、望ましいものではなかった。こうしてフーシェ委員会での交渉は、結局成果を出すことなく終わったのである。

（二一三）ヴォラピュクとは、ヨハン・シュライヤーが国際語として考案した人工言語。

（二一四）「巡礼者たち」とは、本文に登場する「モン＝ペルラン協会」――モン＝ペルランとはスイスのレマン湖畔の保養地、ヴヴェー近郊の山の名であるが、文字通りには「巡礼者の山」を意味する――の会員、さらには彼らに代表される当時の新自由主義者たちを指している。

（二一五）一九四〇年五月、ドイツ軍の西部攻勢によって第三共和政は崩壊を始める。ロンドンで仏英の軍事物資生産の共同管理を主宰していたジャン・モネは、フランスの対独降伏に先立って両国の連邦化を提案する。以後仏英が共通の政府のもとに単一の国家を形成し、議会も通貨も軍隊も共有することによってドイツとの闘いを継続していくことを主張したのである。「両国政府は、フランスとイギリスがもはや二つの国家ではなく、単一の〈仏英連合〉であることを宣言する。」この計画はチャーチルに支持されてイギリスの戦時内閣の承認を得ることができたが、ド・ゴールを介しての説得に応じた仏首相ポール・レノーが翌十七日に辞任、新たに首相となったペタンの休戦協定準備によってむなしく潰え去ることとなった。

（二一六）第一章に既出の通り、欧州防衛共同体の頓挫を受けて開催された一九五五年の「メッシーナ会議」で統合プロセス再起動の意志を確認したＥＣＳＣ諸国は、イギリスを加えた七カ国の政府代表者で構成されるスパーク委員会を通し、協議を進めていく。一九五六年四月の「スパーク報告」はその成果であり、フランスのピエール・ユリと西ドイツのフォン・デア・グレーベンにより作成されたこの文書が、翌年のローマ条約によるＥＥＣ成立の出発点となった。

（二七）ピエール・マンデス＝フランス（一九〇七～一九八二）。フランス第四共和政を代表する政治家の一人。首相（一九五四～一九五五）としてインドシナ戦争を終結させた。急進社会党──その名に反して穏健な中道政党──に属したが、第五共和制下の六一年に統一社会党（ＰＳＵ）に入党、「第二の左」の潮流の中で重きをなした。

（二八）一〇三頁に既出。原語は politiques de société であり、「社会政策（politique sociale）」とは別の表現。これはドイツ語の Gesellschaftspolitik の訳語である。オルド自由主義者たちはこの語を、旧来の社会政策（Sozialpolitik）を乗り越え、それを包括するような彼らの政策を表すべく用いた。それゆえ、日本の専門家はこの語を「総合社会政策」と訳している（足立正樹『現代ドイツの社会保障』法律文化社、一九九五年）。ミシェル・フーコー『生政治の誕生』の翻訳では、「社会本位の政策」となっている（慎改康之訳、筑摩書房、二〇〇八年、一八〇頁）。

（二九）欧州通貨制度（ＥＭＳ）に先立つ統合欧州の通貨制度。一九七一年のブレトン・ウッズ体制崩壊とスミソニアン体制への移行に対応すべく一九七二年に設立され、一九七九年にＥＭＳに取って代わられた。英語では「トンネルの中の蛇《スネーク》（Snake in the tunnel）」、フランス語では、「通貨制度」（système monétaire）とかけて「通貨の蛇（serpent monétaire）」と呼ばれる。対ドル中心相場の上下二・二五パーセント（四・五パーセント）の変動幅＝トンネルの中を、参加各国通貨は相互の為替変動幅を二・二五パーセントの限度内にとどめるべく蛇行することが定められた。七三年にスミソニアン体制が崩壊すると、対ドル四・五パーセントの変動幅は外され、二・二五パーセントの域内変動幅の維持だけを定めた「トンネルを出た蛇《スネーク》（Snake out of the tunnel）」と称される制度に移行する。本文にもあるように多くの離脱国が出た後には、「小さな蛇《ミニ＝スネーク》（mini-Snake）」と呼ばれた。

（三〇）構造調整プログラム（programme d'ajustement structurel / Structural Adjustment Program）とは、ＩＭＦ・世界銀行が、対外債務の返済に支障をきたした途上国への融資と引き換えに課す経済改革プログラム。一九八〇年代以降に推進され、緊縮財政、公的企業の民営化、各種規制緩和等をその内容とする。

（三一）ラヴァル事件の経緯は以下の通り。スウェーデンに進出したラトヴィアの建設業者ラヴァル社が、ラトヴィアの労働条件でラトヴィア人従業人を働かせた。スウェーデン建設労組はこのソーシャル・ダンピングに抗議して建設現場を封鎖し、同国電気労組も同情ストを行った。そこでラヴァル社はストの違法性を主張して、欧州司法裁判所に訴えたのである。判決は、ラヴァル社の行為を是としてスウェーデン労組の実力行使を違法とするものだった。ヴァイキング事件は、フィンランドの客船業者ヴァイキング社が船員の労働条件引き下げのために船籍をエストニアに移そうとしたことに対し、組合が反発して争議を行うことを宣言したもの。ヴァイキング社の訴えに対し、ＥＣＪは、スト権が基本権であることを確認しつつも、企業設置の自由を認めた。

（三二）「欧州硬化症（eurosclérose）」とは一九七〇年代に生まれた表現で、当時の慢性的な高失業率に関連しての経済的用法もあるが、ここでは欧州統合プロセスの停滞という政治的意味で用いられている。

（三三）「単一思想（pensée unique）」は、もともと『ル・モンド・ディプロマティック』（一九九五年一月号）におけるイグナシオ・ラモネの論説で用いられた表現。冷戦終結以後、「単一政党（parti unique）」の支配する共産主義ブロックの崩壊を祝福する「自由世界」においてヘゲモニーを獲得した、自由市場の束縛なき発展を至上命題とする一連の議論を指す。

（三四）フランス企業運動（ＭＥＤＥＦ：Mouvement des entreprises de France）は、フランス最大の経営者団体。一九九七年にフランス経営者全国評議会（ＣＮＰＦ：Conseil national du patronat français）代表となったエルネスト＝アントワーヌ・セイエールが、同団体を改名して一九九八年に発足させたもの。二代目の代表（二〇〇五年～）はロランス・パリゾ。

（三五）「八〇年代のフランスのために」と副題され、大統領選キャンペーン時のプログラムの基盤となった、一九八〇年の社会党の文書。

（三六）「第二の左（deuxième gauche）」は、フランス政界における左派内部の一傾向を指し示すために、一九七〇年代以降用いられるようになった表現。五〇年代後半の反共主義と反植民地主義、第五共和国憲法への反対運動を通して形成されたもので、政治組織としては主として六〇年結成の統一社会党

（PSU）によって担われ、〈六八年五月〉の熱気を受けて急進化した労組CFDT（カトリック系労組CFTCの後身で、現在フランス第二の労組連合）との協力下に勢力を拡大していった。特定のイデオロギーへの固執や官僚主義を拒絶し、地方分権、労働者の自主管理、市民参加型の民主主義等を掲げた。政治家としてこの潮流を代表するのはミシェル・ロカールであり、知識人としてはフランソワ・フュレ、ジャック・ジュリアール、ピエール・ロザンヴァロン、アラン・トゥーレーヌらが著名。CFDTともども、八〇年代を通して穏健化していき――そのための舞台を提供したのは「サン＝シモン財団」である――、今日のフランス左翼における（新）自由主義的傾向の源流のひとつとなった。

（三七）「欧州社会空間（Espace social européen）」とは、一九八一年六月、大統領就任直後のミッテランによってルクセンブルク欧州理事会において提案されたもので、労働・雇用政策、「社会的対話《ソーシャル・ダイアローグ》」、社会保護分野の諸措置を欧州レベルで協調的に強化・発展させることというその主要目標は、同年十月十三日にEC加盟十カ国に向けて提出されたメモランダムの中で改めて明言された。本文に示唆されているように、単一欧州議定書の準備から施行に至る八〇年代半ばの時期においても、欧州統合をめぐる仏社会党周辺の議論においてしばしば取り上げられた表現である。

（三八）特定多数決（vote à la majorité qualifiée / qualified majority voting）は、欧州連合理事会において採用されている投票方式。各国には人口に見合った持ち票が与えられ、賛成票の合計が特定の多数に達した場合に可決となる。以下、この方式をめぐる経緯を簡潔に述べる。当初は六カ国代表による全会一致の議決がなされていた閣僚理事会であるが、ローマ条約は一九六六年以降の特定多数決への転換を定めていた。ド・ゴールのフランスは統合欧州の中で独自の立場を保持する必要からそれに反対しており、直前の六五年七月、農業政策上の不一致をきっかけに「空席政策」を敢行する。仏代表を欠いたEEC諸機関は空転し、結局六六年一月、「ルクセンブルクの妥協」が結ばれることとなった。この非公式の合意により、各国は特定多数決の票決に際しても、自らの重大な利益が脅威にさらされていると判断するならばそれを拒否することができることが認められ、閣僚理事会では事実上、従前どおりの全会一致方式が存続することとなった。市場統合を中心とする欧州統合の推進に弾みをつけるべく、この特定多数決の大幅な採用に道を開いたのが、八六年の欧州単一議定書なのである。

（三九）「協力手続き（procédure de coopération / cooperation procedure）」は単一議定書で、「共同決定手続き（procédure de codécision / codecision procedure）」は一九九三年のマーストリヒト条約で定められ、いずれも欧州議会の権力の強化を図ったもの。リスボン条約でさらに「通常立法手続き（procédure législative ordinaire / ordinary legislative procedure）」へと発展した。

（四〇）正式名称は「労働者の基本的社会権に関する共同体憲章」。ドロールの発意のもと、一九八九年十二月のストラスブール欧州理事会でイギリスを除く（「オプト・アウト」）十一カ国により採択された。労働者の諸権利を十二項目に渡って定めている。域内における自由移動の権利が――ローマ条約の精神を引き継いで――冒頭に掲げられ、以下、雇用と賃金、生活・労働条件の改善、社会保護、結社の自由と団体交渉権、職業訓練、男女の平等待遇、情報・協議・経営参加、職場での健康と安全、児童・若年者の保護、高齢者、障害者と続く。当初は法的拘束力を持たない政治的宣言にとどまっていたこの社会憲章は、一九九七年調印のアムステルダム条約では条約本文に組み込まれて法的効力を獲得するとともに、労働党政権下のイギリスもこれを受け入れるに至る。なお、欧州審議会の「欧州社会憲章」(一九六一年)とは別物。

(四一) なお、このコラムにあるように、八〇年代末には域内市場が閉鎖的な経済ブロックとなるのではないかとの懸念とともに人口に膾炙したこの表現(Europe forteresse / Fortress Europe)であるが、最近ではむしろ、移民政策の閉鎖性に関して用いられるようになっている。

(四二) 歯止め効果(effet cliquet / ratchet effect)とは、いったんある段階を越えるや、あたかも後退を妨げる歯止めが設置されたかのように、もはや以前の状態に復することができなくなってしまう現象を指す言葉で、様々な分野で用いられる。ラチェット効果とも。

(四三) 「ユーロの父」とも呼ばれるカナダ出身の経済学者マンデルが提唱したトリレンマで、それによれば、為替レートの固定、各国の自律的な通貨政策、資本移動の三つは決して両立しないという。

(四四) ここでは三人の「ノーベル経済学賞」受賞者の見解を紹介しておこう。ロバート・ソローは三%

という限界設定を「大いに恣意的」であり、「経済状況の急変に立ち向かうための柔軟性を各国政府から奪い去る」ものだとしている（« Le pacte de stabilité et de croissance à l'épreuve des critiques », *Le Monde*, 8 octobre 2002）。ジョゼフ・スティグリッツは三％枠を根拠とするＥＵの仏・独・ポルトガル財政への難詰に関して各国政府を擁護し、「安定協定が設置するのは自動不安定装置だ」と皮肉っている（Joseph Stiglitz, "The false promise of stability", *Economic Times*, May 15, 2003）。ポール・クルーグマンはマーストリヒト基準について、「これらの基準で興味深いのは、額面どおり受け取る限りでは、全く不合理であるという点である」と断定している（『経済政策を売り歩く人々』伊藤隆敏監訳、ちくま学芸文庫、二〇〇九年、二七三頁）。

（四五）ここで示唆されているのは、東西ドイツ統一後のドイツの金融政策である。旧東独地域のインフラ整備等のため、統一ドイツは大規模な財政出動を行ったが、特需の結果として生じるインフレ圧力を抑えるべく、ブンデスバンクにおいては高金利政策が採用された。そしてＥＭＳ加盟諸国は、対マルク為替相場を一定限度内に維持するよう義務付けられているためドイツの金融引き締め策に同調せざるをえず、そこから九〇年代欧州の深刻な不況が帰結したのである。

（四六）「あら皮（peau de chagrin）」はオノレ・ド・バルザックの同名の小説に登場する魔法の皮で、欲望を叶えるたびに縮んでいき、消滅とともに持ち主の命を奪う。絶え間なく縮小していくものについて比喩的に用いられる表現である。

(四七)グルネルは仏労働省の本拠が置かれている通りの名。一九六八年五月、広範な社会的危機のさなか、ここで労使代表と首相ポンピドゥーを初めとする政府代表が労働条件の交渉を行い、最低賃金の三十五%引き上げ、平均実質賃金の十%引き上げ、週四十時間労働、四週間の有給休暇、企業内での労組の活動の保証等を取り決めた。以来この語は政府と各種団体との大がかりな交渉について用いられるようになり、二〇〇七年にはUMP政権主導の環境グルネルが組織された。

(四八)「多元的左派(Gauche plurielle)」は、リオネル・ジョスパン政権を支えた政党連合。社会党のほか、共産党、左派急進党、(ジャン=ピエール・シュヴェヌマンの)市民運動党、緑の党が参加した。

(四九)通貨価値安定と財政規律を至上命題とすることは、景気後退時の財政出動による経済成長実現や雇用創出を困難なものにしてしまう。そこでフランス政府は、この協定が「安定」のみならず「成長」をも目指すものであることを、名称そのものによって語らせようとしたのである。もちろんだからといって、各国に緊縮財政を強制するこの協定の原理自体は、いささかも変わることはなかった(実際、たんに「安定協定」として名指されることが多い一方で、「成長協定」と呼ばれることは決してない)。

(五〇)二〇〇一年二月、ECOFIN《エコフィン》(EU経済・財務相理事会)は欧州委員会の提案を受け、アイルランドに対してインフレ進行下での「あまりにも浪費的な」予算案を見直すよう勧告を行う。EUによる加盟国への初の予算案修正勧告である。翌二〇〇二年にはポルトガル、フランス、イタリア、さらには自国の金融・財政政策をEUに継承させた当のドイツまでもが、同じ基準との関連でブリュッセルと衝突する。独仏（前者は社民・緑の連立政権、後者は保守政権であったが）の政治力ゆえに、ECOFINは両大国への制裁を見送るが、欧州委員会はこの決定を不服として欧州司法裁判所に提訴、同裁判所は理事会決定を無効とする判決を下す。こうした混乱を経た二〇〇五年、安定・成長協定は若干の基準緩和を施されることとなった。

（五一）ユーロ圏財務相の会合。ECOFINの前日に開催され、ECOFINはただユーロ圏に関するそこでの諸決定を承認するだけだとも言われる。初代かつ現議長（「ミスター・ユーロ」）のユンケルは、ルクセンブルクの政治家（キリスト教社会人民党）で、元財相（一九八九〜二〇〇九）にして現首相（一九九五年〜）。

（五二）多国間投資協定（MAI：Multilateral Agreement on Investment）とは、一九九五年からOECD加盟国間で密かに準備が進められていた国際投資の自由化構想である。投資家に対して直接各国政府を提訴する権利を与え、多国籍企業の全面的な利潤追求の自由を前にしての主権国家の無力を制度化することを目指したこの「統一世界経済の憲法」（WTO事務局長レナート・ルジェロ）は、その内容が知られるや、各国での広範な反対運動を引き起こした。フランスにあっては、この協定の略語が仏語でAMI（トモダチ）となるという偶然が、例えば当時国民議会の外交委員会委員長を務めていたジャック・ラングに「トモダチは敵だ（« L'AMI, c'est l'ennemi »）」なる一文をしたためさせ、

「私たちのためを思わないこのトモダチに、今すぐノーと言うべきだ」と主張させた（『ル・モンド』、一九九八年二月十日）。結局九八年秋、ジョスパン仏首相は参加取りやめを宣言し、MAI構想は挫折を余儀なくされる。一方、GATS（サービスの貿易に関する一般協定）は、ウルグアイ・ラウンドを終結させWTOを発足させた九四年のマラケシュ協定において定められたもので、GATTが実現してきた商品貿易の自由化を受け、サービス貿易の「漸進的自由化」を推し進めていくことを目的としている。九八年に勝利したMAI反対の運動は、翌九九年のWTO閣僚会議をにらみ、反WTOと反GATSの運動へと発展したが、開催地シアトルでの大規模な抗議行動——周知のとおり、国際的な反グローバリゼーション運動の発火点となった——にもかかわらず、マラケシュにおいてすでに調印済みのこの協定をどうすることもできなかった。

（五三）チャーリー・マクリーヴィー（一九四九〜）。アイルランドの政治家。域内市場・サービス担当欧州委員（二〇〇四〜二〇一〇）。アイルランド財相（一九九七〜二〇〇四）として、極端な法人税減税を敢行した。なお引用は、欧州議会の通貨問題委員会（ECON Committee）における二〇〇八年十二月一日の演説より（一部の表現を英語原文に引き付けて訳出した）。

（五四）フランスでの投票においては社会党が躍進（UMP十七議席に対し三十一議席）した。

（五五）原著刊行後間もない二〇〇九年六月に行われた選挙のこと。規制緩和と自由放任の帰結が問題視された金融危機下の状況にもかかわらず、それらの政策を推進してきた右派がほとんどの国（フランス――社会党十四議席に対しUMP二十四議席――を含む）で勝利するという逆説的結果により記憶される。

（五六）一九九九年の時点では、欧州連合十五カ国のうち、ベルギー、ルクセンブルク、スペイン、アイルランドを除く十一カ国が中道左派政権であった。

（五七）原語は acquis libéraux。直接的には acquis sociaux のもじりであろうが、acquis communautaires との連想も働いているかもしれない。前者は、社会運動が歴史的に獲得してきた無期限雇用、有給休暇、社会保障、労働時間削減等々を表す。「アキ（acquis）」とは「獲得されたもの、既得のもの」であるから「社会的既得物、既得事項」、さらには「社会的既得権」とでも訳すことができるが、かつて正当な要求の成果として獲得され、将来にも守り伝えるべき権利までもが、「既得権（益）」と名指されるや否定的含意を担わされる定めの現代日本の語彙論的環境にあっては、まことに訳しがたい表現である。ともあれ、欧州統合プロセスを通して後続世代にも引き継がれるべく獲得されてきたのは、各国国民の労働と生活を保護するための諸規制であるどころか、それらをないがしろにしてでも市場の利益に奉仕する自由主義的諸成果であるにすぎないという皮肉が、この言い換えには込められている。なお後者は、ECSCからEUにかけて統合欧州が獲得・蓄積してきた法体系の総称。日本ではそのままカタカナで、「アキ・コミュノテール」と称される（acquis の語は欧州各国語にも置き換えがたいようで、英語でもドイツ語でもイタリア語でも、このフランス語がそのまま用いられている）。

解説　ヨーロッパ新自由主義の歴史と現在

本書は、François Denord & Antoine Schwartz, *L'Europe sociale n'aura pas lieu*, Paris, Raisons d'agir, 2009 の全訳である。著者の厚意により提供を受けた日本語訳序文もあわせて訳出した。アントワーヌ・シュワルツは第二帝政期の自由主義思想を専門とする一方、現代メディアの社会学的分析を手掛け、欧州統合の諸問題にも詳しい政治学者。フランソワ・ドゥノールは、後述するように、新自由主義の思想と運動の再検討によって著名な社会学者である。

本書の基本的なもくろみは、両大戦間期に胎動を見、第二次大戦後に今日のEUに至る制度的建設の歩みを開始した欧州統合を、ひとつの新自由主義的プロジェクトとして語り直すことである。一九三〇年代の大陸ヨーロッパに起源を持つ思想・実践両面の運動として「新自由主義」を把握した上で、欧州建設の展開をその特権的な舞台として描き出すこと。こうして統合プロセスは、一九八〇年代にアングロ＝サクソン世界の新しい経済的教説の流入を受けて決定的に変質してしまったのではなく、当初の傾向の維持・発展とさらなる強化によって今日の姿を呈しているものとされる。

　日本語訳序文でも触れられているように、民間の金融危機への対応が各国の財政危機を引き起こした現在の状況下にあって、ＥＵは緊急の財政再建を口実に、厳格な財政規律の恒久化を加盟諸国に課した。各国は債務危機への対応として、公共部門の人員削減や賃金引下げ、労働市場の柔軟化、社会保障関連支出の削減、付加価値税率の引き上げ等の措置を急テンポで実施しつつある。二〇〇八年の銀行危機の打撃を受けるのみならず粉飾財政の公表によって欧州債務危機の端緒となったギリシャは、「トロイカ」（欧州委員会、欧州中銀、ＩＭＦ）が援助の条件として課した「メモランダム」の受け入れにより、とりわけ凄惨なドラマの舞台と化している。ナオミ・クラインが「惨事便乗型資本主義《ディザスター・キャピタリズム》」によって遂行される「ショック・ドクトリン」と名付けたものの、見事な適用事例というほかない。

この国の経験を例外とみなすことはできるだろうか。給与未払が数ヵ月間続いているというあるギリシャ人は、次のように予言している――「僕らはいま、経済的独裁のもとに生きている。そしてギリシャは、各国人民の抵抗力をテストする実験室なんだ。僕らの次には、他の欧州諸国の番が回ってくる。中流階級なんてものはもう、存在しなくなってしまうだろうね」(『リベラシオン』二〇一二年一月三〇日)。多くの分析も、「ショック」を契機とする今回のメモランダムの実験的性格を指摘している。

しかし、歴史を振り返るなら、先進諸国の新自由主義化を全面的にショック・モデルに即して理解するのは難しい。それはむしろ、いくつもの後戻りしえない段階を、しばしば一般の注目を引くこともなく刻みながら、漸進的に実現されてきた。そしてこの漸進性と相対的な不可視性こそが、欧州建設の新自由主義的展開とその加盟各国の経済政策への波及プロセスを特徴づけるものである。

また、ヨーロッパの新自由主義は、英米発の経済原理を唯一にして直接の起源としているのではない。今日の苦境をブリュッセル、さらにはベルリンからの過酷な命令によるものとして受け止めているギリシャの例は、この点でも示唆的である。実際、ＥＵにおける新自由主義は、アメリカのみならずドイツの経済政策をも重要な発想源としているし、ある意味では、後者の影響はより大きいものだとさえ言える。物価安定と同時に雇用の最大化をも使命に掲げる米FRBとは異なり、ドイツ連銀《ブンデスバンク》は――ハイパーインフレのトラウマ的過去のせいもあって――本当に「インフレとの闘い」しか考えていない。そしてEUの金融・財政政策は、このドイツ的な緊縮政策の伝統を基盤としている。かつて途上国を苦しめたワシントン・コンセンサスにならって、EUにおける「ベルリン・コンセンサス」が語られるゆえんである。

もちろん――ギリシャの人々は現在の状況を、第二次大戦時の軍事占領の記憶に重ね合わせているけれども――、今日のドイツの要求は、それがいかに国民主権と民主主義をないがしろにしているにせよ、ナチズムの精神を直接の源泉としているのではない。メルケルをヒトラーになぞらえ、「第四帝国の行軍」や「財政のダッハウ」、さらには「Memorandum Macht Frei（メモランダムを受け入れれば自由になる）」といった文言を左右のメディア上に躍らせ、抗議集会において鍵十字を中央に収めた欧州旗を翻らせるとき（『シュピーゲル』二〇一二年二月二十七日）、ギリシャの人々は正しい敵を捉えそこなっている。ヒトラーのではなくエアハルトのドイツ、「社会的市場経済」のドイツこそが問題なのである。この理念は――その背景をなす「オルド自由主義」の学説ともども――、連邦共和国の経済政策のみならず国家の正当性それ自体の源泉となったばかりか、経済統合を軸に営まれてきた欧州建設に深く浸透している。例えば、欧州憲法条約（TCE）の冒頭に刻み込まれ、多くのフランス人の反発を招いて国民投票における拒絶（二〇〇五年五月）に有力な根拠のひとつを提供したことで知られるあの「自由で歪みのない競争（concurrence libre et non faussée）」の理念は、アメリカからの最近の輸入品である以上に、オルド自由主義の典型的表現なのである。

ドゥノールとシュワルツの著書の眼目のひとつが、まさにここにある。本書は、統合プロセスの両端における合州国の刻印――冷戦下での「自由世界」陣営への組み込みと一九八〇年代以降のアングロ＝サクソン的経済思想の受容――を再確認する一方で、新自由主義的ヨーロッパ確立に決定的なインパクトを持った二つの内部的要因を強調している。第一に、両大戦間期のフランスに始まる新自由主義の国際運動が、欧州建設をその主要な舞台のひとつとしたこと。とりわけドイツ新自由主義の重要性が主張される。第二に、

「社会的ヨーロッパ」や「欧州社会モデル」のスローガンとともになされてきた欧州社会民主主義諸勢力の政策的選択が、新自由主義的ヨーロッパへの歯止めとなるよりもむしろ、随伴と補完の役割を果たしつつその発展を促したこと。以下、これらの点について、若干の補足的説明を試みることにしたい。

「政府の自由主義」としての新自由主義

本書の背景にあるのは、著者のひとりフランソワ・ドゥノールの新自由主義研究である。ドゥノールは、社会科学高等研究院（EHESS）のヨーロッパ社会学センター（現在CESSPに統合されている）に所属することからも知られるようにピエール・ブルデューに近い立場の社会学者であるが、博士論文に基づいた最初の著作、『新自由主義フランス・バージョン——ある政治的イデオロギーの歴史』によって注目を集めた（*Néo-libéralisme version française. Histoire d'une idéologie politique*, Demopolis, 2007）。リップマン・シンポジウムやオルド自由主義に着目しつつフランスにおける新自由主義の展開を跡付けるという問題設定はフーコーの『生政治の誕生』を想起させるし、実際「こうした点すべてに関し、フランソワ・ドゥノールの学識はミシェル・フーコーによりもたらされた情報を見事に補完するものだ」との評価を受けている（Christian Laval, « Penser le néolibéralisme », in *Revue internationale des lettres et des idées*, n°2, novembre-décembre 2007）。ただし、二〇〇三年に審査を終えた彼の研究は、『生政治の誕生』出版（二〇〇四年）に先立って準備されたものである。フランス内外で、かつ研究者世界の枠内にとどまらない注目を集めたドゥノールは、アメリカで刊行された重要な新自由主義論集の最初の章を執筆しているほか（*The Road from Mont Pèlerin: the Making of the Neoliberal Thought Collective*, ed. Philip Mirowski and Dieter Plehwe, Harvard University Press, 2009）、カナダのリシャール・ブルイエット監督の映画 *Encirclement*（『包囲：デモクラシーとネオリベラリズムの罠』、山形ドキュメンタリー映画祭二〇〇九の大賞受賞作品）に出演し、冒頭近くで新自由主義の起源について語っている。日本においても、彼の研究に触発されて発足した研究グループが、論文集『新自由主義と戦後資本主義――欧米における歴史的経験』を刊行している（権上康男編著、日本経済評論社、二〇〇六年）。

「新自由主義」は今日、主として批判者によって用いられる言葉だ。「新自由主義など存在しない」、「新自由主義の教説なるものは、敵たちの頭の中にしか存在しない」――ある経済学者の言葉を、ドゥノールは引いている（三頁）。しかし歴史をさかのぼるなら、「新自由主義」の語を考案し、この語をスローガンに経済・政治思想上の運動を創始したのは自由主義者たち自身だった。一九三八年八月にパリで開催されたウォルター・リップマン・シンポジウムこそは、新自由主義の国際運動の発端となった出来事である。ドゥノールの研究は、このシンポジウムとその後に生まれた〈自由主義刷新のための国際研究センター〉（CIRL）に始まる国際的新自由主義運動の関連文書を広く渉猟した上で、そのフランス的展開を跡付けている。

さて、本訳書の記述を通しても了解されるように、ドゥノールが注目する三〇年代以降の新自由主義は、社会主義およびファシズムの経済体制――「集産主義《コレクティヴィズム》」――、そしてその温床と目された計画経済と、十九世紀的な「自由放任《レッセ・フェール》」型自由主義の間の第三の道を提唱し、経済領域への国家介入の意義を積極的に認めるものであった。伝統的自由主義との断絶を強調するこのような立場と、今日「新自由主義」の語によって一般に理解される、むしろレッセ・フェールの伝統に親和的な立場の間に、どのような関係を認めるべきだろうか？　リップマン・シンポジウムからモン＝ペルラン協会に引き継がれた新自由主義の国際運動には、両傾向に属する人々がともに関わってきた。人脈上の連続性は明らかである以上、共通の土壌と分岐の現実のうちどちらを重視するのかが問題となる。ドゥノールの立場は、両者の相違を認めつつも、ある観点から見ての一貫性を強調するものである。三〇年代以来多様な相を示してきた新自由主義を全体において捉え、そこに経済的自由主義の復権・維持・強化を目指す——そしてそのために適切な法的枠組みを整備し、競争メカニズムの保証人としての公権力の介入を促進する——ひとつの知的・政治的運動を認めること。ドゥノールは上記の両傾向を、新自由主義という「経済的ヤヌス」の二つの顔であるとみなす（三〇五頁）。こうして新自由主義は、ときに自由放任へのノスタルジーもあらわに国家の権限の可能な限りの縮小を唱え、ときに競争秩序の持続可能性を保証しうるだけの一定の社会政策を推進することによって、オルタナティヴな展望の余地を排しながら、自由な市場秩序の形成とそのよき運行のために活動してきたものとして把握されるのである。

ドゥノールの見解はまた、新自由主義を一種の市場万能論——「市場原理主義」——として理解することの問題をも示唆しているように思われる。実際、いかにラディカルな自由市場の擁護者であっても、政府にできることはあらゆる規制の撤廃以外にはないと考えているわけではない。『隷属への道』のハイエクも自由放任の原則への固執を戒め、真の自由主義者は社会に対し、植物の成長に最適の条件を整える園芸家のように振る舞わなければならないと述べている。自由放任の理念に対してはより共感に満ちたまなざしを向けるミルトン・フリードマンにしたところで、政府の消滅を夢見ているのではない。『資本主義と自由』では、「自己の利益を追求する個人が『見えざる手に導かれて、自分では考えてもいなかった目的へと向かう』ような法的枠組みを整えること」こそが重要であると説かれている（村上章子訳、日経BP社、二〇〇八年、二四九頁）。自由市場はフリードマンにあっても自然の所与ではないことが分かる。利己的諸個人の発意が我知らずに社会全体の利益に貢献するというあのスミス的ユートピアは、政府の不在において現出するのではない。自由な競争秩序は、たとえその内部では「見えざる手」のみが機能しているかのように思われるとしても、政府の「見える手」によって条件を定められ、細心にその枠組みを整備されることによって初めて存在可能になる。それはひとつのゲームなのであり、

「ゲームのルール』を決める議論の場として、また決められたルールを解釈し施行する審判役として、政府は必要不可欠である」（四八頁）——ただし、政府自らがゲームに参加することは可能な限り差し控えるべきであると、フリードマンは付け加えているけれども。

彼が提唱した「負の所得税」のアイディアは、今日「ベーシック・インカム」論と共振しつつしばしば話題になるが、まさにこのような論理に属している。

なお日本では、西山千明氏が七〇年代に、ハイエクやフリードマンの思想を自由放任とは一線を画す「新自由主義」として紹介している。七六年刊の『新自由主義とは何か』（ハイエク著、西山編、東京新聞出版局）では、彼らと西ドイツのオルド自由主義／社会的市場経済との結びつきが強調されるとともに、負の所得税導入が提案されている。近年の例としては、『新自由主義の復権』（中公新書、二〇一一年）における八代尚宏氏の議論が意義深いものに思われる。小泉純一郎政権の主要な助言者であった著者は、「市場原理主義」や「自由放任」との同一視を拒絶することにより、「新自由主義」の語を肯定的に捉え返す。「ハイエクの『隷属の道』などに基づく、正しい内容の『新自由主義』」（五頁）は、今日の経済学の基本的な論理に属している。そこでは「市場の失敗」の存在が当然に承認されているし、適切な法的枠組みの整備によって市場の円滑な運行を維持し、競争の活性化を促すような政府の役割は、大いに強調されている。こうして八代氏は、日本の景気停滞への治療薬として、あらためて新自由主義を推奨する。（なお、八代氏と異なりこの語を肯定的に用いることのない竹中平蔵氏も、ローレンス・サマーズの言葉を引きながら、今日の経済学者はみな「モデレート・ケインジアン」であるとして、適切な介入の役割を強調している（『経済古典は役に立つ』光文社新書、二〇一〇年））。

二つの類型の双方を貫いて、新自由主義は「政府の自由主義（un libéralisme de gouvernement）」とみなすことができる（Denord, « Les rénovateurs du libéralisme », in *L'État démantelé*, dir. L. Bonelli et W. Pelletier, La Découverte, 2010）。「制度的枠組みを創出し維持する」国家の役割を重視した新自由主義の定義はデヴィッド・ハーヴェイにも見られるが（『新自由主義』渡辺治監訳、作品社、二〇〇七年、一〇頁）、金融危機以後誰の目にも明らかになったこのような介入的次元は、以前から、新自由主義の理論と実践の不可欠な一部をなしていたのである。

欧州統合とドイツ新自由主義

フランスの新自由主義は、リップマン・シンポジウムの数年後には停滞を余儀なくされる。CIRLの活動停止（一九四〇年）の後、対独敗戦とヴィシー政権成立からレジスタンスを経て第四共和政成立に至るまでの歴史状況が、新自由主義者たちに別々の道を歩ませ、協働の余地を奪ってしまう。結局、新自由主義は統制経済《ディリジスム》を基調とする戦後フランス経済政策の伏流として存続するにとどまり、七〇年代中葉――ヴァレリー・ジスカール・デスタン大統領とレーモン・バール首相の時代――まで表舞台に復帰することはなかった。

対照的なのは、本書でその欧州統合プロセスにおけるインパクトが強調されている、ドイツ新自由主義の事例である。実際、オルド自由主義を背景として生まれた社会的市場経済の理念は、当初それを掲げたキリスト教民主主義勢力によってのみならずドイツ社会民主党（SPD）によっても、五〇年代の間にその原理を承認されるに至る。『オルド』誌に集う保守的大学人により練り上げられた自由主義思想は、こうして「一種の国民的信条《クレド》」（François Bilger）となった。「自由主義的介入政策」（リュストウ）――市場の機能を阻害するのではなく逆にその円滑な運行を促進するような介入――を政府に求めつつ、競争的メカニズムに適ったかたちに人間の行動を調整し、市場経済の秩序と重なり合うような社会を構築していくこと。彼らのヴィジョンはこのように要約することができる。

ところで、西ドイツはそのマネタリズム的金融政策と競争政策の一方で、ビスマルク以来の社会保険制度を保持し、「社会国家」の形成を推し進め、労使の共同決定を実現してきた。一九八〇年代以降にそうしたものすべてが深刻な脅威にさらされるに当たっては、アングロ＝サクソン・モデルが大きな役割を果たした。それゆえ、例えばハーヴェイは西独の事例を、新自由主義化の実現には反インフレ闘争と財政規律だけでは不十分であることの証拠として取り上げている（前掲書三七〜三八頁）。

このような指摘は正当なものである。しかしここで確認しておくべきだが、第二次大戦後の西ドイツ経済の重要な側面をなし、冷戦終結と再統一の後に「ライン型資本主義」として称えられたものには欠かせない上述の諸要素は、オルド自由主義の理念の実現ではまったくなかった。コーポラティズム的労使関係の確立を筆頭とするこれらの明白な逸脱を、ミュラー＝アルマックら社会的市場経済の旗振り役は例外であると称したが、説得的とは言い難い。連邦共和国を瞬く間に世界第二の経済大国の地位に押し上げた「経済の奇跡」は、保守政権が掲げ、社会民主主義勢力もその基本原理を受け入れることとなったモデルの純粋な現実化によって達成されたのではなく、それとビスマルク的伝統やケインズ主義的諸施策の共存によって可能になったのである。

ビスマルク時代からの遺産を引き継いだのみならず強力な労働者階級との妥協を受け入れたCDU政権期にすでに始まっていた逸脱は、六〇年代末以降のSPD政権においていっそうその度合いを深めていく。結果として、社会的市場経済は社民的・ケインズ主義的イメージを獲得することとなって、CDUからSPDを経て左翼党《ディ・リンケ》に至るまでがこの語を肯定的に用いるという現在の状況が生じた。しかし、本来の精神における社会的市場経済は、福祉国家ないしドイツでいう「社会国家」の理念とは無関係――あるいはむしろ敵対的なものであって、それは心得のある人々によっては忘れられることがなかった。実際八二年成立のコールCDU政権期には、この「社会的市場経済の社会的逸脱」(Patricia Commun)を正すべく、オルド自由主義の教えへの回帰が繰り返し説かれた。ドイツの新自由主義化は、アングロ=サクソン世界からのインパクトを強調すべきなのはもちろんとして、当初からの原理の再強化としても考える必要があるのである。

このような視点は、欧州統合と新自由主義の関係についてはなおいっそう適切であろう。この点で意義深いのは、「サービス指令」で著名な元欧州委員会委員フリッツ・ボルケステイン（訳註七参照）の二つの発言である。彼は「ヨーロッパの競争力」と題した二〇〇一年九月の講演（SPEECH/01/373）では、「ラインラントの心地よい環境を離れ、アングロ＝サクソン型資本主義のより過酷な条件とより寒冷な気候に近づいていかなければならない」と訴える。二〇〇〇年三月のリスボン理事会で定められた野心的目標――二〇一〇年までに、世界で最も競争力ある経済を実現すること――を真に達成したいと望むのなら、ほとんどの労組に典型的な、「『ラインラント・モデル』として知られるに至ったものの安全で居心地のよい領土にとどまっていたい」などという「保守的」心性を克服し、資本主義の「革命的」本性へと身をさらしていく必要があるというのである。

こうして「ライン型資本主義」への嘲笑を隠さない同じ人物が、しかし二〇〇〇年七月の講演「二十一世紀の自由主義的ヨーロッパの構築」（SPEECH/00/260）においては、やはりリスボン理事会の決定――「規制緩和と柔軟性強化の野心的プログラム」――に言及しながら、次のように述べているのである。「リスボンで提示された一連の措置の全体が実施されるならば、それはオルド自由主義的ヨーロッパに向かっての大きな歩みとなることでしょう。」彼にとって、「ライン型資本主義」の一語がドイツを始めとする欧州諸国のコーポラティズム的現実を指し示しているのに対し、オイケンらの「オルド自由主義」はといえば、ケインズ主義との妥協によっても輝きを失うことのなかった、望ましい思想的原理であることが分かる。とりわけ強調されるのは、物価安定を至上命題とする通貨政策――この点で、EUの経済・通貨同盟は「オルド自由主義思想の典型的産物」であるとされる――、そして、企業家精神に富んだ諸個人によって構成される「自由で責任ある社会」のヴィジョンである。

「社会的ヨーロッパは実現しないだろう」

西ドイツにおいては広範な「階級妥協」を強いられたオルド自由主義は、欧州統合の過程ではより純粋に影響力を行使することができた。またフランス国内では統制経済《ディリジスム》を主導したモネやピエール・ユリは、欧州レベルでは自由主義者としての相貌を現した。「国内ではケインズ、国外ではスミス」として定式化しうる「埋め込まれた自由主義」の時代にあって、超国家的《スプラナショナル》な市場統合プロセスには、国民国家におけるような妥協の必要がなかったのである。実際、ローマ条約以後八〇年代半ばまでのおよそ三〇年間、欧州レベルの社会政策はCAP（共通農業政策）を除けばほぼ不在だった。統合は、「社会的なもの」を各国民国家の管轄としつつ、一大共通市場内部での自由な競争秩序の構築を進めてきた。

八〇年代半ば以降に生じたのは、単一市場実現に向けての経済統合のいっそうの加速と、欧州建設の社会的次元の強調の同時並行的展開である。しかもこの両義的な展開は、「緊縮への転換」（八三年）以降の仏ミッテラン政権、そしてこの季節外れの左翼政権により欧州委員会に送り込まれたジャック・ドロールによって支持され、両側面ともに精力的に推進された。こうした観点に立ち、本書はこの欧州委員会委員長を、サッチャーの敵対者ではなくその補完的存在として描き出す。ドロールと仏社会党は、自由化と規制緩和を志向する欧州観の大筋を——ときに積極的に、ときに避けがたい譲歩として——受け入れつつも、その先に別の何かを実現できるものと期待した。政治的連合を緊密化させるとともに、社会政策の欧州レベルでの調和を実現すること。発足当初のミッテラン政権が掲げた「欧州社会空間」を手始めに、八〇年代半ば以降に唱えられるようになった「社会的ヨーロッパ」、九〇年代初頭に登場した「欧州社会モデル」、これらフランス発の政策スローガンが夢見させたのは、まさにそのような理想だった。

しかし、社会的諸権利の「上方への調和」――各国で獲得されてきた諸権利を、より高次の達成に合わせて欧州レベルの基準とすること――はいまのところ、実現の見込みもない。むしろ「カシス・ド・ディジョン判決」以来の相互承認原則は、各国立法間の競争と「下方への調和」――ソーシャル・ダンピング――を制度化している。二〇〇〇年採択のEU基本権憲章にしても、社会的次元に関しては貧弱な内容しか備えておらず、それを下限として各国の社会権を切り詰めていくことを正当化するものである。

その上、夢の実現の不可欠の土台をなすものとされた市場・通貨統合の過程で加盟各国に緊縮的予算政策を課し、野心的な社会政策遂行の余地を奪うことによって福祉国家体制の解体を促進する一方で、極小の予算しか持たない統合欧州(今日なお域内GDPの一パーセント強)には、国民国家レベルの社会政策の中核をなす社会保障と再分配の機能を担いようもない。既存の福祉国家体制の欧州版として理解される限りにおいて、本書の原題にある通り、「社会的ヨーロッパは実現しないだろう」。同様の見解は、原著裏表紙では次のように表現されている。「ネス湖の愉快な怪物ネッシーと同様、決して実在を証明されないままに情熱をかき立ててきた社会的ヨーロッパ。しかし一大市場の凍てついた湖中で、その生存可能性は実に乏しい。」統合史研究の第一人者にして新自由主義的ヨーロッパの断固たる擁護者であるアンドリュー・モラフチークの次の断定も、反対の立場から、本書の主張を裏付けている――「欧州社会政策は、欲求不満の社会主義者の夢の中にしか存在しない」（『フィナンシャル・タイムズ』二〇〇五年六月十四日）。

そうはいっても統合欧州は、たんにこれらのスローガンを掲げ、来るべきものの約束によって現にあるものの喪失を取り繕う言説上の操作以外の何もしてこなかったわけではない。欧州中銀によりユーロ圏の金融政策が一本化され、安定・成長協定により各国の財政政策が監視される一方で、社会政策についても――マクロ経済政策におけるような強制性は持たないが――共通の政策枠組みの形成が目指されてきた。福祉国家の社会的達成の基盤に立ちつつもそれを「現代化」し、新自由主義の展開を許容し促進することを可能にするような一連の社会政策が、こうして提案されることになったのである。本書では簡潔に示唆されるだけのこの点を、もう少し詳しく見ておこう。

一九九三年のいわゆる「ドロール白書」（『成長・競争力・雇用』）、およびそれと前後して発表された社会政策緑書・白書では、競争力向上と社会進歩が「コインの両面」(COM(94)333）として捉えられ、経済政策と社会政策が密接に関連付けられた。両者を結びつけ、一体化させるための接合点とされたのが雇用である。以後、雇用復帰を促す措置を欠いた所得再分配は「消極的」なものとみなされ、「積極的」な労働市場政策が要求される。社会保障はもはや企業の競争力向上にとっての負担であることは許されず、「生産的ファクター」（COM(97)102）である限りにおいてその価値を認められる。

ドロールのイニシアティヴは、九七年六月に「多元的左派」政権の首相となった同じく仏社会党のジョスパンに引き継がれ、同年十一月、彼の提唱により開催されたルクセンブルク雇用サミットで欧州雇用戦略（ＥＥＳ）が採択、『ル・モンド』紙はこれを「ＥＵ十五カ国、社会的ヨーロッパを素描」と報じた（十一月二十一日）。そこでの「就労能力《エンプロイヤビリティ》」向上という目標設定を経て、二〇〇〇年三月のリスボン欧州理事会（前出）では、雇用政策の伝統的指標である失業率に代えて就業率が主要指標となり、二〇一〇年までに労働年齢層（十五～六十四歳）の七〇パーセントが雇用に就いている状態の達成が目指された。

しかし「雇用に就いている」とはここで、調査対象週に最低一時間働いたことを意味している。大量失業の原因が労働市場の硬直性に求められ、その柔軟化が推進される中でのこうした指標選択と目標設定は、当然、不安定労働のさらなる増大に道を開く。この理事会で打ち出されたリスボン戦略では、「より多くのよりよい仕事」の創出が目標とされた。しかし、「株式会社ヨーロッパの経営プラン」（『フィナンシャル・タイムズ』二〇〇〇年三月二十五日）として祝福されたこの発展プランにあっては、企業の直近の要求に適合したかたちでの雇用の最大化が主眼であり、雇用の質への配慮は当初から――二〇〇四年のコック報告とそれを受けての修正以前から――副次的なものにとどまっていたというべきだろう。なお同戦略を継承し、「二十一世紀ヨーロッパの社会的市場経済のヴィジョン」の提示を謳う「ヨーロッパ二〇二〇」では、同じ文言が掲げられるとともに、二〇～六十四歳人口の七五パーセントという就業率目標が設定されている。

ドロール白書以来の展開は、欧州産業人円卓会議（ＥＲＴ）の強い促しのもと、ドロールやジョスパンのイニシアティヴに、九七年五月に政権に返り咲いて「就労のための福祉《ウェルフェア・トゥ・ワーク》」を打ち出した労働党のイギリス、雇用重視の社会政策と緊縮財政の伝統を持つスカンディナヴィア諸国（スウェーデンとフィンランドは九五年にＥＵ加盟）のインパクトが相まって成立したものである（社会保障の経済政策への従属化とその新自由主義的再編に当たっての北欧モデルの参照は、「フレクシキュリティ」を共通原則とする現在まで続いているが、今日の日本でも「社会保障と税の一体改革」の政策理念に一定の影響を及ぼしているだけに、ＥＵにおける先行的経験は注目に値する）。

一連の提案は、とりわけ大陸ヨーロッパ諸国の福祉国家体制に対し、しばしばそれら諸国の中道左派勢力の好意的な受け容れのもとで、改革を促すものだった。早期退職制度や高齢失業者への求職活動免除が問題視され、男性主体の正規労働者（インサイダー）の雇用を守ってきた諸権利が若者や女性（アウトサイダー）の就労の妨げとなり、「社会的排除」を生み出しているとして、労働市場の柔軟化が求められる。こうして拡大する非正規雇用への就労を促す積極的労働市場政策が、労働の価値を高らかに謳いながら推進される現在の状況のもとで、例えばフランスは次第に、都留民子氏が「失業しても幸せでいられる国」と表現したような福祉国家モデルを自ら手放しつつある。

「人的資源に投資し、社会的排除と闘うことにより、欧州社会モデルを現代化すること」。リスボン理事会が社会的次元において掲げたこの課題は、同理事会に提出されたエスピン＝アンデルセンのワーキングペーパー「二十一世紀の福祉国家」では、より理想的色彩を欠いた筆致で説かれている。「社会政策は政府の給付の必要性やそれへの依存を最小限に抑えるために、人々の生産的な潜在能力を積極的に動員し、最大化しなければならない〔……〕」。皮肉なことに、福祉的措置に対する必要性を最小限に抑えるために福祉国家が必要とされているのである」（『福祉国家の可能性』渡辺雅男・渡辺景子訳、桜井書店、二〇〇一年、四七頁）。社会的排除との闘いは、雇用の不安定化を必然的にもたらす一連の改革遂行に当たって、「信用を勝ち取るため」（五八頁）に必要なのだという。

こうして、EU諸国における新自由主義化と福祉国家解体は、「社会的なもの」への配慮――とりわけ「貧困と社会的排除との闘い」――を前景化しつつ進展してきたということができる。二〇〇六年春のフランスで広範な反対運動を引き起こして撤回された初期雇用契約（CPE）――二十六歳未満の若者を正規採用した企業に、二年間は理由の明示なしの解雇を認めるもの――は、前年秋の一連の暴動が露呈させた郊外の若者たちの「排除」状況への対応策として提示される一方、リスボン戦略の枠組みの中で、「労働市場から最も遠い人々」の包摂への呼びかけに応えるかたちで準備されたものである。また二〇〇八年末には、ワークフェア志向の公的扶助である積極的連帯給付（RSA）が法制化された。導入に先立つ緑書では、やはり上述の呼びかけが参照されるとともに、「社会的ヨーロッパ建設の一段階」としての「積極的包摂」戦略の模範を示すことにより、フランスがこの分野で欧州レベルのイニシアティヴを取ることが期待されている。

こうした点については、左右の主要政党間での基本的なコンセンサスが確立している。サルコジの大統領任期の看板政策となったRSAは、もともと二〇〇七年の大統領選挙時に、社会党候補ロワイヤルのマニフェストに掲げられていたものである。たしかに仏社会党はCPEに反対した。しかし、そもそもリスボン戦略は、EU十五カ国中十一カ国の政府が中道左派により担われていた時期に成立したのである。フランスの政権交代による「メルコジ」体制の終焉が新自由主義的ヨーロッパの実質的な軌道修正をもたらすかどうかは、控えめに言っても、予断を許さない。財政協定再交渉に関して言うなら、安定協定を安定・成長協定として成立させた九七年のジョスパン政権と同様、緊縮政策の基盤に若干のニュアンスを付け加えるだけに終わる可能性が大いにある。

＊

翻訳に当たっては、日本語訳序文・序論・第三章を小澤、第一章・第二章・結論を片岡が担当した上で、二人であれこれと議論をしながら原稿を仕上げていった。訳者の度重なる質問に快く応じてくれた原著者二人を始め、出版に先立ち、多忙の中を訳稿ないし解説に目を通して有益なコメントをくださった木下ちがや、三宅芳夫、森原康仁、ベルギーとオランダの人名表記を定めるのに協力してくださった黒岩卓、エレン・ジャコーネの各氏に対し、心からの感謝を捧げたい。論創社の高橋宏幸さんには、訳者二人それぞれの事情が相まって刊行スケジュールを大幅に遅らせてしまい、大変なご迷惑をおかけした。訳文についての率直なご意見の数々が実に有益だったこととあわせ、私たちを見放すことなく作業の完了をお待ちいただいた寛容さに、あらためてお礼を申し上げる次第である。

二〇一二年五月　訳者識

2009年	1月1日	スロヴァキア、16番目のユーロ導入国に。
	3月17日	フランス、NATOの統合軍事機構に完全復帰。
	10月2日	アイルランド、二度目の国民投票で同条約を採択。
	10月	ギリシャのPASOK新政権、旧政権による財政赤字と政府債務の粉飾を公表。冬以降、格付け各社によるギリシャの国債格付け引き下げにより、ユーロ圏債務危機が始まる。
	12月1日	リスボン条約発効。
2010年	1月1日	初代欧州理事会議長にヘルマン・ファン・ロンプイ、EU外交・安全保障政策上級代表にキャサリン・アシュトンが就任。
	5月9日	時限的組織として、ユーロ圏を対象とする欧州金融安定ファシリティー（EFSF）設立。
	6月17日	欧州理事会、リスボン戦略に代わる10年間の発展戦略として「ヨーロッパ2020」を採択。
	12月16-17日	欧州理事会、EFSFとEFSM（欧州金融安定メカニズム）に代わる恒久的機関として、欧州安定メカニズム（ESM）設立を決定。
2011年	1月1日	エストニアが17番目のユーロ導入国に。
	1月12日	「ヨーロッパ2020」に基づき、最初のヨーロピアン・セメスターが始まる。
	3月24-25日	欧州理事会、ユーロ・プラス協定を採択。
	5月15日	スペインで緊縮政策に抗議する「怒れる者たち（インディグナドス）」の運動が始まる。
2012年	3月1-2日	欧州財政協定（「経済・通貨同盟の安定・協調・ガバナンスに関する条約」）、イギリスとチェコ以外の25カ国により調印（以後、最低12カ国の批准により発効予定）。

（訳者作成）

1995年	1月1日	オーストリア、スウェーデン、フィンランドが加盟、EUは15カ国に。
	3月26日	仏独西、ポルトガル、ベネルクス3国の8カ国間でシェンゲン協定発効。
1997年	6月17日	アムステルダム欧州理事会、安定・成長協定を採択。
	10月2日	アムステルダム条約調印。
	11月20-21日	ルクセンブルク特別欧州理事会（雇用サミット）、欧州雇用戦略（EES）を採択。
1998年	6月1日	欧州中央銀行（ECB）、フランクフルトにて業務開始。
1999年	1月1日	EMU第三段階実施。仏独伊西蘭、ベルギー、アイルランド、ルクセンブルク、オーストリア、ポルトガル、フィンランドの11カ国でユーロ導入。
	5月1日	アムステルダム条約発効。
2000年	3月23-24日	リスボン欧州理事会、向こう十年間の発展プランとしてリスボン戦略を採択。
2001年	1月1日	ギリシャが12番目のユーロ導入国に。
	2月26日	ニース条約調印。
2002年	1月1日	ユーロの現金流通開始。
2003年	2月1日	ニース条約発効。
2004年	3月5日	欧州委員会、「域内市場におけるサービスに関する指令」（「ボルケステイン指令」）を提案。
	5月1日	ポーランド、チェコ、スロヴァキア、ハンガリー、スロヴェニア、エストニア、ラトヴィア、リトアニア、キプロス、マルタが加盟し、EUは25カ国に。
	10月29日	ローマにて欧州憲法条約（TCE）調印。
2005年	5月29日	フランスが国民投票で憲法条約批准を否決。
	6月1日	オランダが国民投票で憲法条約批准を否決。
2007年	1月1日	ブルガリア、ルーマニアが加盟し、EUは27カ国に。スロヴェニア、13番目のユーロ導入国になる。
	12月23日	リスボン条約調印。TCEの内容を受け継ぎつつも憲法的要素を取り去ったもの。
2008年	1月1日	キプロスとマルタの参加により、ユーロ導入国は15国に。
	6月12日	アイルランド、国民投票でリスボン条約否決。

1986年	1月1日	スペインとポルトガルの加盟により、ECは12カ国に。
	2月17-28日	単一欧州議定書調印。
1987年	7月1日	単一欧州議定書発効。92年末までの域内市場完成を目的として定め、閣僚理事会での特定多数決導入(「ルクセンブルクの妥協」の廃棄)とカシス・ド・ディジョン判決から引き出された相互承認原則の制度化を実現。
1989年	11月10日	ベルリンの壁崩壊。
	12月8-9日	イギリスを除く11カ国、「労働者の基本的社会権に関する共同体憲章」(EC社会憲章)を政治的宣言として採択。
1990年	7月1日	経済・通貨同盟(EMU)第一段階実施。資本移動の自由化。
	10月3日	東西ドイツ統一。
	10月8日	イギリスのERM参加。
1991年	12月25日	ゴルバチョフ大統領が辞任し、ソ連消滅。
1992年	2月7日	欧州連合条約(マーストリヒト条約)調印。
	6月2日	デンマークの国民投票、僅差で同条約批准を否決。
	9月16日	「暗黒の水曜日(ブラック・ウェンズデー)」。イギリス・ポンドは翌17日にERMを離脱(イタリア・リラは16日に一時離脱し、96年11月25日に復帰)。
	9月20日	フランスの国民投票、約51%の賛成でマーストリヒト条約を批准。
1993年	1月1日	EC12カ国の単一市場が成立。
	8月2日	通貨危機に対応すべく、ERMの為替変動幅を±2.25%から±15%に拡大。
	11月1日	マーストリヒト条約が発効し、欧州連合(EU)が成立。
	12月10-11日	ブリュッセル欧州理事会、白書『成長・競争力・雇用——21世紀に向けての課題と方策』(ドロール白書)を採択。
1994年	1月1日	EMU第二段階実施。欧州通貨機関(ECBの前身)設立。

	11月30日	サッチャー、EC予算へのイギリスの分担金の一部返還を求め、記者会見で “I want my money back” 発言。
1981年	1月1日	ギリシャ加盟により、ECは10カ国に。
	5月21日	フランスで社会党のミッテランが大統領に就任し、第一次モーロワ内閣を組閣（財相は第三次内閣までジャック・ドロール）。
	6月22日	総選挙での社会党圧勝を受け、第二次モーロワ内閣発足。4人の共産党員が入閣し、72年の社共共同綱領の実施を企てる。
	11月29日	ドロール仏財相、ラジオ番組で改革の「休止」を訴える。
1982年	10月4日	ドイツでコール率いるCDU/FDP政権成立。
1983年	3月22日	不況とインフレが収まらない中、市町村議会選挙で右翼に過半数を制されるという結果を受けて第三次モーロワ内閣が発足、緊縮財政への転換。
	4月6-7日	欧州産業人円卓会議（ERT）の最初の会合。
1984年	6月25-26日	フォンテーヌブロー欧州理事会、イギリスに対し分担金の66%を払い戻す優遇措置を決定。
	7月17日	モーロワに代わりファビウスが仏首相に。財相ベレゴヴォワはドロールの緊縮政策を継承し、共産党は入閣を拒否。
1985年	1月7日	ドロールが欧州委員会委員長に就任（～95年1月22日）。
	1月11日	フィリップス社長デッカー、ブリュッセルで「ヨーロッパ1990――行動のためのアジェンダ」と題するスピーチを行い、90年までの欧州市場統一の実現を訴える。
	1月14日	ドロール、欧州議会で委員長就任演説。内容はデッカーの提案に強く影響されたもの。
	3月12日	ドロール、欧州議会で演説し、1992年末までの単一市場実現を目指すプログラムを提示。
	6月	ERT、「ヨーロッパ1990」を含む文書『尺度を変える』をEC全加盟国の首脳に送付。
	6月28-29日	ミラノ欧州理事会、委員会が6月14日に提出した『域内市場完成白書』を採択。

1966年	1月28-29日	閣僚理事会における全会一致制の維持を保証する「ルクセンブルクの妥協」により、危機は収束。
	2月21日	フランス、NATO統合軍事機構から脱退。
1967年	7月1日	ブリュッセル条約（65年4月8日調印）が発効し、ECSC、EEC、EURASTOMの執行機関が融合される。共通の委員会（欧州委員会）と閣僚理事会を備えた欧州共同体（EC）の成立。初代欧州委員長はハルシュタイン。
1968年	7月1日	EEC関税同盟完成。
1969年	2月12日	欧州委員会、通貨協調の強化を提唱するバール・プランの提示。
	12月1-2日	仏新大統領ポンピドゥーの主導でハーグ首脳会議開催。「完成、深化、拡大」の提唱により、統合プロセスの再起動をアピールする。
1970年	10月8日	80年末までの経済・通貨同盟完成を主張するウェルナー報告、欧州委員会と加盟各国政府に提出される。
1971年	8月15日	米大統領ニクソン、ドルと金の交換停止を発表。ブレトン・ウッズ体制の崩壊。
1972年	4月24日	「トンネルの中の蛇(スネーク)」の設立。
1973年	1月1日	英国、アイルランド、デンマークが加盟し、ECは9カ国に。
1974年	12月9-10日	同年5月27日に仏大統領となったジスカール・デスタンの発意により、69年以来4度目の加盟国首脳会議がパリで開催。非公式の集まりだった首脳会議を、以後「欧州理事会」として公式化することが合意される。
1976年	8月25日	フランスでレーモン・バール内閣が発足。緊縮財政への転換。
1979年	2月20日	ECJ、カシス・ド・ディジョン判決（相互承認の原則）。
	3月13日	欧州通貨制度（EMS）発足（その中心をなす欧州為替相場メカニズム（ERM）にはイギリスは不参加）。
	5月4日	イギリスでサッチャー保守党政権が発足。
	6月7-10日	直接普通選挙による最初の欧州議会選挙実施。

1958年	1月1日	ローマ条約発効、ECSCと同じ6カ国により、欧州経済共同体(EEC)と欧州原子力共同体(EURATOM)が発足。
	6月1日	アルジェでの入植者・駐留軍の蜂起を受け、ド・ゴールが仏第四共和政最後の首相に任命される。
	10月5日	フランス第五共和政成立。
	12月21日	ド・ゴール、間接選挙により第五共和国初代大統領に選出(就任は1月9日)。
	12月27日	フランス、ピネー=リュエフ・プラン実施により、〈共同市場〉加入に必要な経済・財政改革を断行。
1959年	11月15日	独社会民主党(SPD)、バート・ゴーデスベルク綱領を採択し、自由競争の率直な受け入れへと転換。
1960年	9月1日	GATTの第5回多角的貿易交渉(ディロン・ラウンド)始まる(62年7月16日まで)。EECが参加した最初の交渉。
	5月3日	欧州自由貿易連合(EFTA)結成。原加盟国は英国、スウェーデン、ノルウェイ、デンマーク、スイス、オーストリア、ポルトガルの7カ国(なお2011年12月現在の加盟国はアイスランド、リヒテンシュタイン、ノルウェイ、スイス)。
1961年	10月19日	第一次フーシェ・プラン提示。
1962年	1月14日	共通農業政策(CAP)成立。
	1月18日	第二次フーシェ・プラン提示。
	4月17日	6カ国外相会議において、フーシェ・プラン挫折。
	7月4日	米大統領ケネディ、フィラデルフィアでの独立記念日演説で「大西洋パートナーシップ」を提唱。
1963年	1月14日	ド・ゴール、記者会見で英国のEEC加盟と米国の多角的核戦力(MLF)構想に反対。
	2月5日	欧州司法裁判所(ECJ)によるファン・ヘント・エン・ロース判決(EC条約規定の直接効果)。
	10月16日	エアハルト、西ドイツ首相に就任(～66年12月1日)。
1964年	7月15日	ECJによるコスタ対エネル判決(EC法の国内法に対する優位性)。
1965年	7月1日	「空席危機」始まる。EEC諸機関からの仏代表の撤退。

	8月	オイケンとベーム、オルド自由主義の理論誌『オルド』を創刊。
	10月25日	ハーグ会議を受け、〈ヨーロッパ運動〉創設。
1949年	4月4日	北大西洋条約調印によりNATO設立。
	5月5日	ロンドン条約調印により、10カ国にて欧州審議会創設。
	7月15日	ドイツのキリスト教民主同盟（CDU）、デュッセルドルフ綱領を採択し、キリスト教社会主義から社会的市場経済へと転換。
	9月7日	ドイツ連邦共和国（西ドイツ）成立。20日、エアハルトがアデナウアー政権の経済大臣に就任（～63年10月11日）。
1950年	5月9日	シューマン・プラン発表。仏独の石炭・鉄鋼生産の共同管理を提唱。
	9月12日	欧州決済同盟（EPU）設立。
	10月26日	フランス、プレヴァン・プラン（西独部隊を含む欧州軍構想）を閣議で採択。
1951年	4月18日	欧州石炭鉄鋼共同体設立条約（パリ条約）調印。
1952年	5月27日	プレヴァン・プランを受け、欧州防衛共同体（EDC）条約調印。
	7月25日	パリ条約が発効し、フランス・西独・イタリア・ベルギー・オランダ・ルクセンブルク6カ国により、欧州石炭鉄鋼共同体（ECSC）発足。
1953年	1月23日	西独にて社会的市場経済行動協会設立。
1954年	5月29-31日	ビルダーバーグ・グループの第一回会議。
	8月30-31日	EDC条約、フランス国民議会により批准否決。
1955年	6月1-3日	ECSC6ヵ国外相のメッシーナ会議。3日、経済統合プロセス再起動の意志を確認する決議を採択。
	10月13日	モネ、〈ヨーロッパ合州国のための行動委員会〉を創設。
1956年	4月21日	メッシーナ決議を受けて組織されたスパーク委員会、報告書を提出。5月29日のヴェネツィア会談で、新条約の骨子として採用される。
1957年	3月25日	ローマ条約調印。

関連年表

1923年	10月	クーデンホーフ＝カレルギー、『汎ヨーロッパ』を出版。26年にウィーンで創設される汎ヨーロッパ連合の宣言文となる。
1938年	8月26-30日	パリにてウォルター・リップマン・シンポジウム開催。それを受け、翌年パリにて〈自由主義刷新のための国際研究センター〉（CIRL）が発足するも、数回の会合の後、40年には活動を停止。
1939年	9月1日	ドイツ軍のポーランド侵攻（第二次世界大戦勃発）。
1940年	6月16日	モネ、英仏連合を提案。
1941年	6月	スピネッリとロッシ、欧州連邦主義を掲げる「ヴェントテーネ宣言」を起草。
1945年	5月7-9日	ドイツ、連合国に無条件降伏。
1946年	9月19日	チャーチル、チューリッヒ大学で演説し、（英連邦を含まない）欧州合州国の樹立と、その第一段階としての欧州審議会の設立を呼びかける。
	9月	レティンガーとファン・ゼーラント、欧州協力独立連盟（LICE）を設立。翌年には欧州経済協力連盟（LECE）と改名し、自由主義的欧州建設を目指す圧力団体となる。
1947年	4月10日	ハイエク、スイスにてモン＝ペルラン協会創設大会を開催。
	6月5日	米国務長官マーシャル、ハーヴァード大学の講演で、大規模な欧州復興援助計画を提示（マーシャル・プラン）。
1948年	4月3日	同プラン実施のため、経済協力法が米国にて成立。援助管理機関として経済協力局（ECA）が設立される。
	4月16日	同プランの援助受け入れ機関として、欧州経済協力機構（OEEC）設立。
	4月19日	〈自由な統一欧州のための米国委員会〉設立（翌年3月29日、〈統一欧州に関する米国委員会〉（ACUE）と改称）。
	5月7-11日	「欧州会議」、チャーチルを名誉議長とし、ハーグのリッダーザールにて開催。

モンティ、マリオ（伊）
Mario Monti (1943-) 101
ユゴー、ヴィクトル（仏）
Victor Hugo (1802-1885) 203
ユリ、ピエール（仏）
Pierre Uri (1911-1992) 59-60, 73
ユーレンハンマー、ペール（スウェーデン）
Pehr G. Gyllenhammar (1935-) 149
ユンケル、ジャン=クロード（ルクセンブルク）
Jean-Claude Juncker (1954-) 181
ラガルデール、ジャン=リュック（仏）
Jean-Luc Lagardère (1928-2003) 149
ラクール=ガイエ、ジャック（仏）
Jacques Lacour-Gayet (1883-1953) 96, 98-99
ラマディエ、ポール（仏）
Paul Ramadier (1888-1961) 37
ラミー、パスカル（仏）
Pascal Lamy (1947-) 171, 184, 202
ラロジエール、ジャック・ド（仏）
Jacques de Larosière (1929-) 173
リスト、シャルル（仏）
Charles Rist (1874-1955) 88, 95
リップマン、ウォルター（米）
Walter Lippmann (1889-1974) 41, 85-86
リブー、アントワーヌ（仏）
Antoine Riboud (1918-2002) 149
リュエフ、ジャック（仏）
Jacques Rueff (1896-1978) 73, 83, 87, 95-96, 98, 110-111, 115
リュストウ、アレクサンダー（独）
Alexander Rüstow (1885-1963) 87, 103
ルージエ、ルイ（仏）
Louis Rougier (1889-1982) 86-87, 89
ルージュモン、ドニ・ド（スイス）
Denis de Rougemont (1906-1985) 73
ルセール、オリヴィエ（仏）
Olivier Lecerf (1928-2006) 149
ルテール、ポール（仏）
Paul Reuter (1911-1990) 60, 141
ルンス、ヨゼフ（蘭）
Joseph Luns (1911-2002) 78
レイトン、ウォルター（英）
Walter Layton (1884-1966) 99
レティンガー、ジョゼフ（ポーランド）
Joseph Retinger (1888-1960) 37-38, 73, 96
レーニン、ウラジーミル・イリイチ（ソ連）
Vladimir Il'ich Lenin (1870-1924) 36
レプケ、ヴィルヘルム（独）
Wilhelm Röpke (1899-1966) 87, 94, 95, 103, 106, 108, 111
ロカール、ミシェル（仏）
Michel Rocard (1930-) 176
ローズヴェルト、フランクリン・D（米）
Franklin D. Roosevelt (1882-1945) 63
ロックフェラー、デヴィッド（米）
David Rockefeller (1915-) 74
ロビンズ、ライオネル（英）
Lionel Robbins (1898-1984) 89, 94

ボエル、マリアン・フィッシャー（デンマーク）
Mariann Fischer Boel (1943-) 186
ボーダン、ルイ（仏）
Louis Baudin (1887-1964) 89, 98
ポパー、カール（墺／英）
Karl Popper (1902-1994) 94
ホフマン、ポール・G（米）
Paul G. Hoffman (1891-1974) 55, 73
ボール、ジョージ（米）
George W. Ball (1909-1994) 73, 76
ボルケステイン、フリッツ（蘭）
Bolkestein, Frits (1933-) 25, 139
ポーレ、ヴォルフガング（独）
Wolfgang Pohle (1903-1971) 57
ポンピドゥー、ジョルジュ（仏）
Georges Pompidou (1911-1974) 125-126
マギー、ジョージ（米）
George McGhee (1912-2005) 74
マクリーヴィー、チャーリー（アイルランド）
Charlie McCreevy (1949-) 195
マシグリ、ルネ（仏）
René Massigli (1888-1988) 55
マックロイ、ジョン（米）
John J. Mcloy (1895-1989) 64
マッテラ、アルフォンソ（伊）
Alfonso Mattera 146
マドゥラン、アラン（仏）
Alain Madelin (1946-) 178
マルヴェスティーティ、ピエロ（伊）
Piero Malvestiti (1899-1964) 53
マルク、アレクサンドル（仏）
Alexandre Marc (1904-2000) 35
マルクス、カール（独）
Karl Marx (1818-1883) 15
マルサス、トマス・ロバート（英）
Thomas Robert Malthus (1766-1834) 59, 203
マルジョラン、ロベール（仏）
Robert Marjolin (1911-1986) 55, 73-74, 77, 87, 91, 93, 109, 115
マルリオ、ルイ（仏）
Louis Marlio (1878-1952) 89
マンスホルト、シッコ（蘭）
Sicco Mansholt (1908-1995) 119
マンデス・フランス、ピエール（仏）
Pierre Mandès France (1907-1982) 114
マンデル、ロバート（カナダ）
Robert Mundell (1932-) 168
マンデルソン、ピーター（英）
Peter Mandelson (1953-) 133, 191
ミクシュ、レオンハルト（独）
Leonhard Miksch (1901-1950) 105
ミッテラン、フランソワ（仏）
François Mitterrand (1916-1996) 129, 153-156, 158, 168, 171, 173
ミュラー＝アルマック、アルフレート（独）
Alfred Müller-Armack (1901-1978) 103, 105-107
ミルズ、チャールズ・ライト（米）
Charles Wright Mills (1916-1962) 47
メイエール、ルネ（仏）
René Mayer (1895-1972) 66
メルケル、アンゲラ（独）
Angela Merkel (1954-) 16
モネ、ジャン（仏）
Jean Monnet (1888-1879) 22, 51, 52, 55, 57-67, 70, 73, 76-77, 79, 83-84, 88, 91, 95
モレ、ギー（仏）
Guy Mollet (1905-1975) 51, 73, 79
モーロワ、ピエール（仏）
Pierre Mauroy (1928-) 150, 154

ビルジェ、フランソワ（仏）
François Bilger (1934-2010) 121
ファン・ゼーラント、パウル（ベルギー）
Paul Van Zeeland (1893-1973)
49, 51-52, 96, 99
ファン・デア・クリュフト、コルネリス（蘭）
Cornelis Van der Klugt (1925-2012) 170
ファン・フェルゼン、ウィム（蘭）
Wim Van Velzen (1943-) 27
ファン・ミールト、カレル（ベルギー）
Karel Van Miert (1942-2009) 133
フィリップ、アンドレ（仏）
André Philip (1902-1970) 42, 58
フォール、モーリス（仏）
Maurice Faure (1922-) 73, 109, 141
フォルー、ロジェ（仏）
Roger Fauroux (1926-) 149
フォン・デア・グレーベン、ハンス（独）
Hans von der Groeben (1907-2005)
106, 123, 126
フォンテーヌ、フランソワ（仏）
François Fontaine (1917-1996) 64
フォン・ミーゼス、ルートヴィヒ（墺／米）
Ludwig von Mises (1881-1973) 87, 90
フーコー、ミシェル（仏）
Michel Foucault (1926-1984) 129
ブッシュ、ジョージ・W（米）
George W. Bush (1946-) 199
フランソワ=ポンセ、アンドレ（仏）
André François-Poncet (1887-1978) 97
プラント、アーノルド（英）
Arnold Plant (1898-1978) 94
ブリタン、レオン（英）
Leon Brittan (1939-) 187, 194
フリードマン、ミルトン（米）
Milton Friedman (1912-2006) 29, 127, 184
フルシチョフ、ニキータ・セルゲーエヴィチ（ソ連）
Nikita Sergeyevich Khrushchev (1894-1971) 79
ブルース、デヴィッド（米）
David K. E. Bruce (1898-1977) 64
ブルデュー、ピエール（仏）
Pierre Bourdieu (1930-2002) 12
フルネ、アンリ（仏）
Henri Frenay (1905-1988) 35, 48
ブルーム、レオン（仏）
Léon Blum (1872-1950) 38
ブレイデン、トマス（米）
Thomas Braden (1917-2009) 48
プレヴァン、ルネ（仏）
René Pleven (1901-1993) 70, 73
プローディ、ロマノ（伊）
Romano Prodi (1939-) 194
ペイシュ、フランク・ウォルター（英）
Frank Walter Paish (1898-1988) 93
ベヴィン、アーネスト（英）
Ernest Bevin (1881-1951) 40
ペタン、フィリップ（仏）
Philippe Pétain (1856-1951) 89
ベーム、フランツ（独）
Franz Böhm (1895-1977) 105
ペール、カール・オットー（独）
Karl Otto Pöhl (1929-) 172-173
ヘルツォーク、ロマン（独）
Roman Herzog (1934-) 143
ベルンハルト・ファン・リッペ=ビーステルフェルト（蘭）
Bernhard van Lippe-Biesterfeld (1911-2004) 73
ポアンカレ、レーモン（仏）
Raymond Poincaré (1860-1934) 62

チャーチル、ウィンストン（英）
Winston Churchill (1874-1965) 33, 35, 37-38, 51
ディ・ヴィットリオ、ジュゼッペ（伊）
Giuseppe Di Vittorio (1892-1957) 68
ティートマイヤー、ハンス（独）
Hans Tietmeyer (1931-) 171, 178
デ・ガスペリ、アルチーデ（伊）
Alcide De Gasperi (1881-1954) 38, 46, 51
テシエ、ガストン（仏）
Gaston Tessier (1887-1960) 97
デッカー、ヴィッセ（蘭）
Wisse Dekker (1924-) 158
デュレ、ジャン（仏）
Jean Duret (1900-1971) 112
デュロゼル、ジャン=バティスト（仏）
Jean-Baptiste Duroselle (1917-1994) 63
ドゥウッス、フェルナン（ベルギー）
Fernand Dehouss (1906-1976) 63
ドゥトゥフ、オーギュスト（仏）
Auguste Detoeuf (1883-1947) 89
ドゥニオ、ジャン=フランソワ（仏）
Jean-François Deniau (1928-2007) 140
ド・クレルク、ヴィリー（ベルギー）
Willy de Clercq (1927-2011) 167
ド・ゴール、シャルル（仏）
Charles de Gaulle (1890-1970)
61-63, 68, 77-80, 85, 91, 110, 116, 119, 125-126, 133, 207
ドートリー、ラウール（仏）
Raoul Dautry (1880-1951) 97
ドノヴァン、ウィリアム・J（米）
William J. Donovan (1883-1959) 47-48, 52
ド・フラウウェ、パウル（ベルギー）
Paul De Grauwe (1946-) 180
ドムナック、ジャン=マリ（仏）
Jean-Marie Domenach (1922-1997) 39
トリシェ、ジャン=クロード（仏）
Jean-Claude Trichet (1942-) 181, 184-185
トルーマン、ハリー・S（米）
Harry S. Truman (1884-1972) 53, 64
トルン、ガストン（ルクセンブルク）
Gaston Thorn (1928-2007) 146
ドロール、ジャック（仏）
Jacques Delors (1925-)
84, 147, 152, 154-159, 164-165, 168, 171-173, 180, 191, 202
ナポレオン（仏）
Napoléon Bonaparte (1769-1821) 79
ナルエス、カール=ハインツ（独）
Karl-Heinz Narjes (1924-) 158
ハイエク、フリードリヒ（墺）
Friedrich Hayek (1899-1992) 87, 89, 94, 96, 128
バヴレ、ニコラ（仏）
Nicolas Baverez (1961-) 203
パドア=スキオッパ、トマーゾ（伊）
Tommaso Padoa-Schioppa (1940-2010) 168
バラデュール、エドゥアール（仏）
Édouard Balladur (1929-) 90, 171
バール、レーモン（仏）
Raymond Barre (1924-2007) 128, 132-133
ハルシュタイン、ヴァルター（独）
Walter Hallstein (1901-1982) 73, 106, 119
ピウス十二世（ローマ教皇）
Pius XII (1876-1958) 37
ピザニ=フェリー、ジャン（仏）
Jean Pisani-Ferry (1951-) 203
ビドー、ジョルジュ（仏）
Georges Bidault (1899-1983) 59, 65
ヒトラー、アドルフ（独）
Adolf Hitler (1889-1945) 34, 49, 79
ピネー、アントワーヌ（仏）
Antoine Pinay (1891-1994) 73, 110

サザランド、ピーター（アイルランド）
Peter Sutherland (1946-) 156, 187
サッチャー、マーガレット（英）
Margaret Thatcher (1925-)
129, 150, 152, 156, 164-166, 173, 207
サルコジ、ニコラ（仏）
Nicolas Sarkozy (1955-) 20
サンズ、ダンカン（英）
Duncan Sandys (1908-1987) 35, 48-49
ジェンキンス、ロイ（英）
Roy Jenkins (1920-2003) 145
蒋介石（中）
Chiang Kai-shek (1887-1975) 62
ジスカール・デスタン、ヴァレリー（仏）
Valéry Giscard d'Estaing (1926-)
96, 128, 169, 202
ジスカール・デスタン、エドモン（仏）
Edmond Giscard d'Estaing (1894-1982)
95, 97
シャヴランスキ、アンリ（仏）
Henri Chavranski (1930-) 191
シャストネ、ジャック（仏）
Jacques Chastenet (1893-1978) 97
シャバン=デルマス、ジャック（仏）
Jacques Chaban-Delmas (1915-2000) 154
シャルル=ルー、フランソワ（仏）
François Charles-Roux (1879-1961) 97
シュヴェヌマン、ジャン=ピエール（仏）
Jean-Pierre Chevènement (1939-) 228
シュウォーツ、ジョージ（英）
George Leopold Schwartz (1891-1983) 94
ジュヴネル、ベルトラン・ド（仏）
Bertrand de Jouvenel (1903-1987) 94
ジュオー、レオン（仏）
Léon Jouhaux (1879-1954) 97
シューマン、ロベール（仏）
Robert Schuman (1886-1963)
22, 38, 51-52, 55, 57, 59, 65, 70, 84
シュミット、ヘルムート（独）
Helmut Schmidt (1918-) 152, 169
ジョスパン、リオネル（仏）
Lionel Jospin (1937-) 179-180
スターリン、ヨシフ・ヴィッサリオノヴィチ（ソ連）
Iosif Vissarionovich Stalin (1879-1953) 32
スティグリッツ、ジョゼフ・E（米）
Joseph E. Stiglitz (1943-) 28
ストライト、クラレンス・K（米）
Clarence K. Streit (1896-1986) 90
ストーン、シェパード（米）
Shepard Stone (1908-1990) 52
スパーク、ポール=アンリ（ベルギー）
Paul-Henri Spaak (1899-1972)
22, 38, 49-52, 55, 71-73, 78, 106, 145
スピネッリ、アルティエロ（伊）
Altiero Spinelli (1907-1986) 33, 35
セリュイ、ダニエル（仏）
Daniel Serruys (1875-1950) 97, 99
ソルター、アーサー（英）
Arthur Salter (1881-1975) 88
ダイゼンベルヒ、ヴィム（蘭）
Wim Duisenberg (1935-2005) 184
ダヴィニョン、エティエンヌ（ベルギー）
Étienne Davignon (1932-)
145, 147-149, 157, 169-170
ダラディエ、エドゥアール（仏）
Édouard Daladier(1884-1970) 36
ダレス、アレン・ウェルシュ（米）
Allen Welsh Dulles (1893-1969) 47-48
ダレス、ジョン・フォスター（米）
John Foster Dulles (1888-1959) 47, 64, 71

索 引

アイゼンハワー、ドワイト・D（米）
Dwight D. Eisenhower (1890-1969) 47, 61, 64
アグネッリ、ジョヴァンニ（伊）
Giovanni Agnelli (1921-2003) 170
アタリ、ジャック（仏）
Jacques Attali (1943-) 154,158
アチスン、ディーン（米）
Dean Acheson (1893-1971) 64-65, 70
アデナウアー、コンラート（独）
Konrad Adenauer (1876-1967) 38, 51, 65
アトリー、クレメント（英）
Clement Attlee (1883-1967) 40, 67
アルファン、エルヴェ（仏）
Hervé Alphand (1907-1994) 40, 67
アレ、モーリス（仏）
Maurice Allais (1911-2010) 94, 100
アロン、レーモン（仏）
Raymond Aron (1905-1983) 34, 87, 98
イルシュ、エティエンヌ（仏）
Étienne Hirsch (1901-1994) 59-60, 91
ヴァイゲル、テオドール（独）
Theodor Waigel (1939-) 178-179
ヴィヴィアニ、ルネ（仏）
René Viviani (1863-1925) 61
ヴィリエ、ジョルジュ（仏）
Georges Villiers (1899-1982) 97, 113
ヴィレ、ダニエル（仏）
Daniel Villey (1910-1968) 95
ヴデル、ジョルジュ（仏）
Georges Vedel (1910-2002) 140
エアハルト、ルートヴィヒ（独）
Ludwig Erhard (1897-1977) 74, 104, 106, 108-109, 123
オイケン、ヴァルター（独）
Walter Eucken (1891-1950) 102, 105, 128
オブリ、マルティーヌ（仏）
Martine Aubry (1950-) 176
オルトリ、フランソワ=グザヴィエ（仏）
François-Xavier Ortoli (1925-2007) 148, 157
ガルブレイス、ジェイムズ・K（米）
James Kenneth Galbraith (1952-) 28
カンドゥシュ、ミシェル（仏）
Michel Camdessus (1933-) 154, 191
クーデンホーフ=カレルギー、リヒャルト（墺）
Richard Coudenhove-Kalergi (1894-1972) 33, 35, 47, 95
クシュネール、ベルナール（仏）
Bernard Kouchner (1939-) 177
クルース、ネリー（蘭）
Neelie Kroes (1941-) 133, 191
クルタン、ルネ（仏）
René Courtin (1900-1964) 36, 94-95
ケインズ、ジョン・メイナード（英）
John Maynard Keynes (1883-1946) 94
ケネディ、ジョン・F（米）
John F. Kennedy (1917-1963) 76-77
コックフィールド、アーサー（英）
Arthur Cockfield (1916-2007) 156, 159, 161, 165
コール、ヘルムート（独）
Helmut Kohl (1930-) 150, 171, 178
コロンナ・ディ・パリアーノ、グイード（伊）
Guido Colonna di Paliano (1908-1982)116
コワンタ、ミシェル（仏）
Michel Cointat (1921-) 120

著者

フランソワ・ドゥノール（François Denord）

フランス国立科学研究センター常任研究員（CNRS/CESSP-CSE）。社会学。欧州統合との関連を重視した新自由主義の歴史的再検討で知られる。著書に『新自由主義フランス・バージョン』（2007年、未邦訳）。

アントワーヌ・シュワルツ（Antoine Schwartz）

パリ第8大学教員。政治学。19世紀フランス自由主義・欧州統合史に関する研究論文のほか、フランス発の国際月刊紙『ル・モンド・ディプロマティック』への寄稿多数。

訳者

小澤裕香（おざわ・ゆか）

一橋大学大学院経済学研究科博士課程単位取得退学。鳥羽商船高等専門学校助教。フランス経済・社会保障。

片岡大右（かたおか・だいすけ）

東京大学大学院人文社会系研究科にて博士号取得。同研究科研究員。フランス近現代思想史。

欧州統合と新自由主義――社会的ヨーロッパの行方

2012年 7月30日 初版第1刷印刷
2012年 8月10日 初版第1刷発行

著　者　フランソワ・ドゥノール、アントワーヌ・シュワルツ
訳　者　小澤裕香、片岡大右
装　丁　宗利淳一
発行者　森下紀夫
発行所　論 創 社
東京都千代田区神田神保町 2-23　北井ビル
電話 03（3264）5254　振替口座 00160-1-155266
組版 エニカイタスタヂオ　印刷・製本 中央精版印刷
ISBN978-4-8460-1158-1　©2012, Printed in Japan
落丁・乱丁本はお取り替えいたします

論　創　社◉好評発売中！

サルトル◉フレドリック・ジェイムソン
回帰する唯物論　「テクスト」「政治」「歴史」という分割を破壊しながら疾走し続けるアメリカ随一の批評家が，透徹した「読み」で唯物論者サルトルをよみがえらせる．（三宅芳夫ほか訳）　本体 3000 円

省察◉ヘルダーリン
ハイデガー，ベンヤミン，ドゥルーズらによる最大級の評価を受けた詩人の思考の軌跡．ヘーゲル，フィヒテに影響を与えた認識論・美学論を一挙収録．〈第三の哲学者の相貌〉福田和也氏．（武田竜弥訳）　本体 3200 円

民主主義対資本主義◉エレン・M・ウッド
史的唯物論の革新として二つの大きなイデオロギーの潮流を歴史的に整理して，資本主義の批判的読解を試みる．そして，人間的解放に向けて民主主義メカニズムの拡大を目指す論考．（石堂清倫監訳）　本体 4000 円

力としての現代思想◉宇波　彰
崇高から不気味なものへ　アルチュセール，ラカン，ネグリ等をむすぶ思考の線上にこれまで着目されなかった諸概念の連関を指摘し，〈概念の力〉を抽出する．新世紀のための現代思想入門．　本体 2200 円

書評の思想◉宇波　彰
著者がいままで様々な媒体に書いてきた書評のなかから約半数の 170 本の書評を精選して収録．一冊にまとめることによって自ずと浮かぶ書評という思想の集大成．書き下ろし書評論を含む．　本体 3000 円

旅に出て世界を考える◉宇波　彰
グルジア，ウズベキスタン，ボリビアなどの世界 21 カ国を旅するなかで見えてくる未知の土地と日本を結ぶ思考のクロニクル．現代思想と現実との接点．　本体 2400 円

引き裂かれた祝祭◉貝澤　哉
80 年代末から始まる，従来のロシア文化のイメージを劇的に変化させる視点をめぐって，バフチン・ナボコフ・近現代のロシア文化を気鋭のロシア学者が新たな視点で論じる！　本体 2500 円

全国の書店で注文することができます

論　創　社◉好評発売中！

増補新版 詩的モダニティの舞台◉絓秀実
90年代の代表する詩論が増補をして待望の刊行．詩史論に収まりきれない視野で，文学や思想の問題として萩原朔太郎、鮎川信夫、石原吉郎、寺山修司など、数々の詩人たちが論じられる．　本体2500円

収容所文学論◉中島一夫
気鋭が描く「収容所時代」を生き抜くための文学論．ラーゲリと向き合った石原吉郎をはじめとして，パゾリーニ，柄谷行人，そして現代文学の旗手たちを鋭く批評する本格派の評論集！　本体2500円

植民地主義とは何か◉ユルゲン・オースタハメル
歴史・形態・思想｜これまで否定的判断のもと，学術的な検討を欠いてきた《植民地主義》．その歴史学上の概念を抽出し，他の諸概念と関連づけ，近代に固有な特質を抉り出す．（石井良訳）　本体2600円

ベケットとその仲間たち◉田尻芳樹
クッツェー，大江健三郎，埴谷雄高，夢野久作，オスカー・ワイルド，ハロルド・ピンター，トム・ストッパードなどさまざまな作家と比較することによって浮かぶベケットの姿！　本体2500円

反逆する美学◉塚原　史
反逆するための美学思想，アヴァンギャルド芸術を徹底検証．20世紀の未来派，ダダ，シュールレアリズムをはじめとして現代のアヴァンギャルド芸術である岡本太郎，寺山修司，荒川修作などを網羅する．　本体3000円

音楽と文学の間◉ヴァレリー・アファナシエフ
ドッペルゲンガーの鏡像　ブラームスの名演奏で知られる異端のピアニストのジャンルを越えたエッセー集．芸術の固有性を排し，音楽と文学を合せ鏡に創造の源泉に迫る．［対談］浅田彰／小沼純一／川村二郎　本体2500円

乾いた沈黙◉ヴァレリー・アファナシエフ
ヴァレリー・アファナシエフ詩集　アファナシエフとは何者か―．世界的ピアニストにして、指揮者・小説家・劇作家・詩人の顔をあわせもつ鬼才による，世界初の詩集．日英バイリンガル表記．（尾内達也訳）．　本体2500円

全国の書店で注文することができます